婴幼儿游戏指导丛书

冯洪荣　主　编
张志萍　副主编

*YINGYOUER
YOUXI ZHIDAO*

婴幼儿游戏指导

1~2岁

北京师范大学出版集团
BEIJING NORMAL UNIVERSITY PUBLISHING GROUP
北京师范大学出版社

图书在版编目(CIP)数据

婴幼儿游戏指导：1～2岁／冯洪荣主编，张志萍副主编. —北京：北京师范大学出版社，2014.1(2015.6重印)
（婴幼儿游戏指导丛书）
ISBN 978-7-303-17234-4

Ⅰ. ①婴⋯ Ⅱ. ①冯⋯ ②张⋯ Ⅲ. ①婴幼儿—游戏—基本知识 Ⅳ. ①G613.7

中国版本图书馆CIP数据核字（2013）第303482号

营 销 中 心 电 话	010-58802181　58805532
北师大出版社高等教育分社网	http://gaojiao.bnup.com
电 子 信 箱	gaojiao@bnupg.com

出版发行：北京师范大学出版社 www.bnup.com
　　　　　北京新街口外大街19号
　　　　　邮政编码：100875

印　　刷：北京中印联印务有限公司
经　　销：全国新华书店
开　　本：215 mm × 225 mm
印　　张：6.75
字　　数：117千字
版　　次：2014年1月第1版
印　　次：2015年6月第2次印刷
定　　价：15.00元

策划编辑：罗佩珍		责任编辑：鲍红玉　罗佩珍	
美术编辑：纪　潇		装帧设计：纪　潇	
责任校对：李　菡		责任印制：陈　涛	

编委会

主　　编：冯洪荣

副 主 编：张志萍

编　　委：吴瑞华　杨　巍　丁文月

编写人员：（按姓氏笔画排序）

丁迎迎　马　杰　王　丹　王　玥　王　欣　王　辉　王君辉
左慧娟　田琨琨　史文静　史竹筠　师　默　吕　欣　朱　蕊
任咏泽　任晓燕　刘　利　刘　娜　刘立新　刘卓娜　刘金娥
安　蓓　孙　然　杜京云　杜景吉　李　茜　李弘智　李军彩
李红杰　李宏燕　杨　华　杨　阳　杨　艳　杨　倩　张　玉
张　星　张　倩　张　涛　张　培　张彦露　陈　雪　陈穗军
欧京红　果晓红　岳宏霞　金　东　周　曦　周延萍　郑华芳
项婷婷　赵　迪　赵　鹏　赵东颖　赵丽媛　郝晓薇　铁悦悦
徐　曼　徐培雪　高　佳　郭　琳　郭沁萍　黄　姝　崔　军
崔淑萍　阎　琦　梁　雁　董京京　董淑萍　韩　阳　蓝笑雪
蔡　锦　臧　彦　樊　铭　黎　芳　黎映波　薛莉莉

前 言
Prefaces

　　0~3岁早期教育是终身教育的开端，对促进个体在早期的全面健康发展、提升国民素质、促进教育和社会公平具有重要意义。近年来，婴幼儿早期教育越来越受到政府及社会各界的广泛关注和重视。2001年颁布的《北京市学前教育条例》从法律、法规的角度规定了学龄前儿童接受学前教育的年龄从3~6岁向下延伸至0岁。为了深入贯彻落实《北京市学前教育条例》，2002年，北京市政府提出"为民办事"的60件实事之一，即在全市正式启动"社区儿童早期教育基地项目"，北京市东城区作为北京市最早开展社区早教工作的区域，认真贯彻北京市政府、市教委有关精神，注重结合实际，大胆探索创新，开展了富有成效的工作，构建了布局合理、覆盖全区的早教服务指导网络，至今已有24所市级早教基地，17个街道"家和社区早教指导中心"，使早期教育的先进理念逐渐成为家庭的教育实践，变为家长的具体教育方法，起到了很好的示范引领作用。早期教育的社会影响力、辐射力在全区乃至全市不断扩大，提高了0~3岁婴幼儿受教育率和家长科学育儿水平。

　　0~3岁社区婴幼儿早期教育是一项新的工作领域，它既具有与3~6岁幼儿教育的融通性、连续性，同时又有其独特性，是一项涉及家庭、卫生部门、教育部门、社区街道和社会各方面关系协调配合的系统工程，要使早期教育事业能够健康、持久地开展下去，必须培养一支掌握0~3岁儿童生理心理特点、生长发育规律和适宜的教育内容与方法的专业队伍。而目前的幼儿园教师绝大部分缺乏0~3岁儿童早期教育的知识和技能，因此，急需加强早期教育培训和课程的建设。本套丛书是东城区的一线早教教师吸收借鉴国内外先进教育理念和方法，多年潜心钻研教育实践的研究成果，积累创编了大量鲜活、实用、生动有趣的亲子游戏和案例。

婴幼儿游戏指导丛书共分两册，即《婴幼儿游戏指导·1~2岁》《婴幼儿游戏指导·2~3岁》，主要包括适用于早教基地和家庭的1~3岁婴幼儿游戏及其指导，涵盖1~1.5岁、1.5~2岁、2~2.5岁、2.5~3岁四个年龄阶段的运动类游戏、语言游戏、益智游戏、社会性游戏、艺术类游戏，每个游戏包括游戏意图、游戏准备、玩法与指导和游戏延伸等部分，为广大早教工作者和家长提供了实践与操作的具体指导方法和内容。让我们家园共同携手，相互配合，让每个孩子从小接受科学的早期教育，健康幸福地成长，拥有快乐、有意义的人生开端。

感谢参与编审的北京市东城区学前教研室原主任魏癸老师和《学前教育》杂志社程洁老师。

由于编者水平有限，本书难免存在缺点和错误，望广大读者批评指正。

北京市东城区教育委员会

目 录
Contents

1.5～2岁婴幼儿游戏 / 067

健康游戏 / 102

1～2岁

婴幼儿身心发展特点

大动作

1～1.5岁

13～14个月的宝宝，一般都能在平地上行走，不过这时候还走得摇摇晃晃，一不小心就会摔倒。到15个月时就走得稳了，很少跌倒，开始能僵硬地往前跑，拉着一只手能走上楼梯，还会投掷。1岁半时，能拉着玩具或抱着球走，还能倒着走几步，扶着栏杆能自己走上楼梯，拉着一只手能走下楼梯，还会爬上大椅子，蹬着椅子伸手够东西。

这个时期，宝宝虽然会走了，但还需要锻炼走得好、走得稳，能蹲下去再站起来，能起步走、随时停下，锻炼更好地控制身体的平衡，使活动更加自如。因此，家长要创造机会，放开手让孩子进行锻炼，可以为孩子选择一个安全的场所，让其自由地活动。不能因为怕孩子跌着、碰着而保护过多，这样会妨碍孩子运动的进一步发展。

1.5～2岁

到了这个年龄，大动作的发育加快，这个时期宝宝不仅走路自如，还开始会跑、会攀爬、踢球、扔球，到了2岁时，还能独脚站立片刻，双脚并跳，独自上下楼梯。

宝宝会走、会跳、会跑后，家长要多带宝宝到大自然中扩大他的视野，刺激视觉的发育。

大运动能力发展的关键期：

⏰ 11~12个月：婴儿独自行走能力发展的关键期

在这个时期，婴儿能独自行走，逐渐摆脱了成人扶持和扶物行走的阶段。这是婴儿身体平衡能力发展的又一个飞跃，同时也是婴儿身体与四肢协调能力发展的重要时期。婴儿学会行走对于婴儿心理的发展是一个重要阶段，扩展了婴儿接触的环境，同时为婴儿独自完成自己的意愿、摆脱对成人的部分依赖创造了一个重要的条件。

⏰ 24~25个月：宝宝单脚站立能力发展的关键期

在这个时期，宝宝开始学习单脚独自站立。宝宝身体的协调性得到很大的发展，腰腹的力量以及双腿的力量也在训练中得到有效发展。单脚站立能力的发展对于宝宝身体平衡能力的进一步发展提供了坚实的基础。

精细动作

1~1.5岁

1岁以后，孩子视力逐渐敏锐，对形状、大小、颜色等学会了辨识，如简易几何积木的嵌入。喜欢观察，大人的一举一动都是观察的目标，也是模仿的对象。逐步学习操作的基本能力，惯用手也逐渐建立，一步一步学着自己满足欲望。

手的动作更加灵活，能熟练、准确地运用物体，能用匙，用蜡笔乱涂，会把瓶盖打开又盖上。到一岁半时，能搭2~3块方积木，能控制涂画的速度，能翻2~3页的书。

可以利用玩穿珠游戏、涂画、拼图等来锻炼手部动作的精确性与准确性。锻炼孩子手部的能力，除了利用玩具、让孩子摆弄物体外，还可以通过锻炼生活能力来达到对手部动作的锻炼，如用匙、用杯、洗手等。

1.5~2岁

手的动作更加灵活，会搭6~7块方积木，会一页一页翻书，会在纸上画出不同方向的线条和交叉线条，逐渐会用杯子喝水，用匙吃饭。

精细运动能力发展的关键期：

12~13个月：双手控制物品运动能力产生发展的关键期

这个时期，婴儿开始学习用手控制物品运动（单手为主，发展好的婴儿可以双手同时控制），如摇拨浪鼓、拉带绳汽车、拿着小汽车开动等。这个时期对于培养婴儿发现物品特征，并通过运用物品表现出婴儿的需求非常重要。

16~17个月：垒叠平衡能力产生发展的关键期

这个时期，宝宝开始学习把握自身的平衡和发展物体的平衡，并懂得利用和创造平衡。例如，婴儿可以搭3~4块积木、把书立在桌子上、把筷子架在筷子架上等。这个时期对于培养婴儿自身的平衡能力、发展自身的协调性以及控制物品的平衡能力非常重要。

语言

0~1岁

家长应当树立这样的概念：宝宝学习说话是从零岁开始的。

孩子能说话只是说明语言发育到了最后的表达阶段。在这之前，为了会说话，孩子要经过相当长时间的准备，他要学会发音和对别人语言的理解，而这个准备工作从宝宝一生下来就开始了。

1~1.5岁

在稳固地发展四肢活动能力和手、眼、脑协调能力的基础上，通过讲故事、听儿歌、声音模仿以及表达要求、练习词组等方法，进而开发宝宝的语言表达能力。

宝宝已经会叫"爸爸""妈妈"了。常常用手指着东西，嘴里不断地发出"啊！啊！"的声音，似乎要告诉爸爸妈妈什么事。听到节奏鲜明的音乐，宝宝就点点头、摇摇身体，虽然还合不上节拍，但宝宝兴致盎然。

这个年龄段，宝宝语言的发展处在对语言的理解阶段，理解的词要比说出的词多得多。在成人的教导下，宝宝头脑中关于词与具体事物和情景的联系建立得越来越多，逐渐能理解更多的词和简单的句子。

到一岁半时，宝宝大约能说出几十个字，会说几句2~3个字的简单句子，如"宝宝拿""妈妈再见"等。

这时期宝宝说话的特点是单音重复，如"抱抱""帽帽"等。一词多义或者以词带句，如"娃娃"，可以表示"把娃娃拿给我玩"或者"把娃娃拿走"等，这种以词带句的语言，常常只有熟悉宝宝的人并结合当时的情景才能理解。

以音代物，如叫汽车为"嘀嘀"。这种说话的特点使说出的语言成为"儿语"，儿语是宝宝语言发展过程中的一个阶段，在成人的正确指导下，随着宝宝语言能力的发展，会逐渐摆脱儿语。这时期宝宝说出词的内容大多限于与宝宝日常生活有关的事物，而且多数为名词。

语言发展在宝宝期是一个飞跃的阶段，家长要抓住时机来促进孩子的语言发展。对这个时期的宝宝来说，主要是和他多说话，说给他听，让他模仿成人的发音，不断鼓励他说话。在教的时候，大人的语速要慢，发音要清晰，语句要简短，要重复，避免唠叨地说上一大串话，这样孩子是听不懂的，不能帮助孩子发展语言能力。同时要有实物和动作配合，如指着实物教孩子说出它的名称，也可以和孩子一起看画册，指着画册上面的图来教孩子说，还可以通过提问让孩子自己说出来。

1.5~2岁

到一岁半时，宝宝可以清晰地说出10个词了。每次喝完水后，就指着空空的杯子说"没"，吃完东西后也会高兴地说一声"没"，乐此不疲。他已经了解"没"这个词的概括性。但令妈妈头疼的是，宝宝现在有了一个非常词汇——"不！"。这会给妈妈增添很多烦恼。

进入这个年龄阶段，孩子的语言发展进入一个飞跃的阶段。在理解语言的基础上，孩子说话的积极性逐渐增高，会说的话越来越多。掌握的词汇量不断增加，约有200个左右，会说一些简单句子，但这些句子很少有修饰词，大部分在5个字左右，如"宝宝出去"。说出的句子不完整、简化，前后次序会颠倒，如"阿姨打针"（实际上是阿姨给我打针），又如"妈妈宝贝抱抱"（实际上是妈妈抱抱宝贝）。

到了2岁时会用代词"我、你"，这是非常重要的发展标志，说明孩子的语言功能又上了一个台阶，同时也说明自我意识有了进一步的发展，能区分客体和主体，区分别人的和自己的。

1岁半以后的孩子已经能开口说话了，这时候要鼓励孩子来说，多给孩子讲故事，和他一起看画册，并且通过提问来让他回答。开始时，孩子说出的话不规范，会出现顺序颠倒，乱用名称，这些都没有关系，不要去指责、批评和嘲笑他，应该把正确的语言教给他，培养他大胆说话的习惯。每当他取得一点进步时，都要鼓励，提高他说话的积极性。

这时候的孩子还不能接受抽象的语言，教他说话时，一定要结合活动来进行，如日常生活事件、游戏活动等，让他处在活动中，接受具体的语言，这样容易促进语言的发展。

让孩子和小朋友交往也是一种学习语言的好方法，尤其是比孩子年龄大的小朋友，它们的语言能力要比孩子强，在一起玩时，孩子就可以向他们学习，而且他们说的话更接近于孩子，对孩子学习语言非常有利。

这时候的孩子说话发音不清楚，说出的话好多不能被听懂，这也是正常的，父母不要要求太高，只要在正确发音的引导下，随着孩子语言能力的加强，这些问题都能解决。学习语言需要一个较长的过程，父母不能操之过急，只要平时给孩子创造一个良好的语言环境，孩子的语言能力定会得到很好的发掘。

**情感与社会
行为**

认识自我

1岁以后，随着认识能力、语言能力的发展，孩子的情感与社会行为得到进一步的发展，孩子开始认识自我，有了独立意识，独立愿望的增强与行为能力不足的矛盾使宝宝易发脾气，宝宝的情感体验对外界更加好奇。

1岁以后的孩子能够开始对自己有所认识，这是自我意识萌芽的表现。自我意识是人类特有的意识，是人对自己的认识以及自己与周围事物的关系的认识，它并非天生就已具备，而是在后天的学习和生活实践中逐渐形成的。婴儿早期还没有自我意识，不认识自己身体的存在，所以会吃手、抱着脚啃，把自己的脚当作玩具玩。以后随着认识能力的发展，逐渐知道了手和脚是自己身体的一部分。

1岁以后孩子有了自我意识，表现在知道了自己的名字，并且能用自己的名字称呼自己，这表明他开始能把自己作为一个整体与别人的名字区别开来。开始认识自己的身体和身体的有关部位，如"宝宝的脚""宝宝的耳朵"等，还能意识到自己身体的感觉，如"宝宝疼""宝宝饿"等。1岁左右的孩子学会走路以后，能逐渐认识到自己能发生的动作，感受自己的力量，如用手能把玩具捏响，用自己的脚能把球踢走，这些都是宝宝最初级的自我意识表现。

大约到了2岁以后，当宝宝会说出"我""你"代词以后，自我意识的发展又上了一个新台阶。这时候，宝宝不再把自己当作一个客体来认识，而是真正把自己当作了一个主体。

到了3岁以后，宝宝才开始出现自我评价的能力，会对自己的行为评说好与坏。自我意识是人个性的一个组成部分，它的发展有着很多社会因素的作用，在儿童自我意识的形成和发展中，家长要教会孩子自己教育自己，完善自己的个性。

要求独立

1岁以后，孩子的感觉和基本动作已得到了相当的发展，心理的其他方面也相应地有了一定的发展，随着行走动作和手的随意动作的发展，生活范围也显著扩大了，所受外界的影响也大大增加。

这时的宝宝常常会提出"自己来"，如自己穿衣服、自己走。这是

　　该年龄宝宝的特点。但是这时宝宝的心理发展水平还很低，还不足以能随心所欲地活动，独立完成一件事情。因此，这种要求独立性的心理和自身能力之间的差距，是该时期宝宝面临的一个矛盾，如何解决这个矛盾是促进宝宝心理发展、培养宝宝独立能力的关键所在。

　　宝宝这种独立的要求，会表现出对父母要求的抗拒，和家长作对。这时期孩子对自己的行为还没有正确的判断能力，家长要给予正确的引导和帮助，不能一味地限制或顺从，否则孩子会表现出依赖和任性。

　　利用孩子这种要求独立的特点，可以培养他们生活自理能力，如自己吃饭、洗手等，同时也可以培养孩子的自信心。家长要允许孩子自己动手做一些自我服务方面的事情，对孩子来讲，这些劳动是自我能力的体现，他参与了，尽管做得不好，他也会觉得很高兴、很自豪，从而培养其自信心。否则，就会导致孩子过分依赖和任性。

1～1.5岁

婴幼儿游戏

认知游戏

01 有趣的动物饼干

游戏意图

通过游戏，初步尝试分类活动，并可以找出相同物品。

游戏准备

多种形状的饼干，盘子。

玩法与指导

1. 成人将各种动物饼干放在一个小盘中，首先让宝宝认知都有哪些动物形状的饼干，并鼓励宝宝说出动物名称，如小猫饼干、小鸡饼干等。

2. 待宝宝清楚地了解了盘中的几种饼干后，再让宝宝将饼干一一分开，是同种小动物的饼干都需要放在一个小餐盘中，依此类推。

游戏延伸

在认知过程中，成人可以先拿一种小动物随意放在某个餐盘中，然后让宝宝按成人要求去寻找动物饼干，培养宝宝的有意注意。

02 哪个手指不见了

游戏意图

通过游戏，认知手指的名称。

游戏准备

大人的手，宝宝的手。

玩法与指导

1. 游戏开始，成人先将自己的手心面向宝宝，分别告诉宝宝它们的名字（尽管他们不会记得很清楚），然后，成人将自己其中一个手指藏起来，问宝宝："哪个手指不见了？"宝宝可先用自己的小手指出成人的哪个手指不见了，然后再由成人给宝宝强调手指名称，对于语言发展较早的宝宝，成人可鼓励宝宝说出手指名称。

2. 游戏可反复进行，游戏中，成人也可和宝宝互换角色，让宝宝来藏手指（只藏一个容易藏的就行），成人来猜。

在游戏过程中，宝宝的兴趣最重要，由于这个年龄段的宝宝年龄还小，因此不要太注重强调让宝宝说出手指名称，只要能够指出哪个手指不见了就可以了。

游戏延伸

此活动也可以利用宝宝最喜欢的玩具进行。

03 找同颜色朋友

游戏意图

通过游戏学习识别常见的颜色。

游戏准备

画好的不同颜色的汽车卡片若干。

玩法与指导

1. 成人把颜色卡片依次排开，然后，让宝宝认知汽车颜色（两种颜色即可：红、黄）。

2. 成人引导宝宝，将颜色一样的小汽车放在一起，待宝宝放对后给予宝宝鼓励。游戏反复进行。

3. 在游戏进行中，成人一定要反复与宝宝强调颜色的名称，对语言发展早的宝宝一定要让宝宝指认说出颜色的名称。

游戏延伸

在家中，成人可以通过宝宝喜欢的物品，帮助宝宝认知颜色，也可以进行颜色配对练习。

04 垃圾扔给谁

游戏意图

养成不乱扔垃圾的好习惯。

游戏准备

垃圾筒，小猫头饰贴于垃圾筒上。

玩法与指导

1. 准备垃圾筒，小猫头饰贴于垃圾筒上。

2. 游戏在吃饭后进行，让宝宝观察，饭后的地面和桌面与吃饭前有何不同，让宝宝主动发现桌面和地面的不同，并告诉宝宝，这些碎纸应该扔到小猫的嘴里。

3. 出示"小猫垃圾筒"，吸引宝宝注意，让宝宝愿意主动把碎纸和脏东西往小猫嘴里放。告诉宝宝以后要把没用的东西放到"小猫垃圾筒"的嘴里。

游戏延伸

让宝宝学会观察周围的事物，养成良好的生活卫生习惯。

05 五官歌

游戏意图

根据儿歌内容做动作，认识脸上五官。

玩法与指导

1. 在念儿歌之前，可先让宝宝做一下有关儿歌中的内容，如让宝宝眨眨眼，让宝宝皱一下眉等。然后再完整地说儿歌，让宝宝跟做相应动作。

2. 让宝宝仔细倾听，能够指认部分五官即可，然后再慢慢加深难度。

游戏延伸

家长可想象一些有趣的歌词，让宝宝跟做动作，增强宝宝的兴趣。

附儿歌：两只眼睛眨一眨，两条眉毛皱一皱。

一个鼻子捏一捏，两个脸蛋点一点。

别忘还有小耳朵，前后上下动一动。

06 **虫虫顶顶**

游戏意图

通过做手指游戏熟悉身体各部位名称。

游戏准备

虫虫贴纸，儿歌《虫虫顶顶》。

玩法与指导

1. 坐在某个较为安静的角落里，家长和宝宝面对面坐好，虫虫贴纸放在家长的身后。

2. 家长将虫虫贴纸贴于自己双手的食指上，手指模仿虫虫爬动的样子，出现在宝宝面前，激发宝宝游戏的兴趣。

3. 家长带领宝宝认识虫虫贴纸，并将贴纸粘贴在宝宝的手指上。

4. 家长指导宝宝将小虫虫对在一起，和宝宝边说儿歌，边带领宝宝游戏，当儿歌说到"飞呀飞呀，飞到……"（鼻子上）时，家长引导宝宝去寻找身体的某个部位，当宝宝摸对了，家长用自己独特的方式（如拥抱，亲吻等）来奖励宝宝，以增强宝宝的自信心。

附儿歌：虫虫、虫虫，顶顶，虫虫、虫虫，飞飞，

飞呀飞呀，飞到……

家长和宝宝将虫虫贴纸贴于双手的食指上。

家长引导宝宝去寻找身体的某个部位。

07 洞洞里有什么

游戏意图

在游戏中认识五官，增进亲子感情。

游戏准备

小正方形纸若干张（使用报纸就可以）。

玩法与指导

1. 成人指导宝宝在纸的中央撕一个洞，成人将纸放在面前晃动，当晃动停止时成人要露出五官中的一个，如眼睛，并向宝宝提问"洞洞里有什么？"让宝宝回答，或发出指令"小鼻子露出来"，让宝宝根据指令做动作，用纸上的小洞露出五官。

2. 游戏熟练后宝宝和成人可互换角色。成人要注意，指导宝宝时应了解宝宝所认知五官的程度，适度进行指导。

游戏延伸

通过神奇的"小洞"引导宝宝认知更多的身体器官以及生活物品，引起宝宝的求知欲。

08 手指爱劳动

游戏意图

通过学说儿歌，认知手指的名称，锻炼小手的灵活性。

玩法与指导

1. 家长先提问宝宝每个手指的名称，并让宝宝伸出相应手指，然后再学习手指游戏，边说边跟做动作。

2．此游戏关键让宝宝认知手指的名称，家长最好用游戏的口吻，帮助宝宝指认。

游戏延伸

可以用手指进行手指点画游戏，在点画过程中，家长可以和宝宝强化手指的名称。

附儿歌：一根手指点点点，

两根手指捏捏捏，

三根手指夹夹夹，

四根手指铲铲铲，

五根手指拍拍拍。

语言游戏

 O9 **玩具大家玩**

游戏意图

跟说儿歌，并体验与伙伴一起游戏的乐趣。

游戏准备

宝宝自己从家带来的玩具。

玩法与指导

1. 当宝宝能接触到其他小朋友时，让宝宝从家中带来玩具。

2. 家长说有关"玩具大家玩"的儿歌："玩具玩具大家玩，你也玩呀，我也玩，大家一起玩。"家长引导宝宝，玩具是可以与人分享的。让宝宝自由寻找伙伴，互相交换玩具。

3. 在玩玩具过程中，让宝宝学会等待，轮流玩及分享。家长在与宝宝交流时，要讲清道理，告诉宝宝，他的玩具如果愿意拿米与人分享，那么别人的玩具同样可与他一起分享。以引导为主。

游戏延伸

可以为宝宝准备一个新玩具，在看到新玩具的同时，引导宝宝与成人分享，或成人与宝宝一同游戏，但要轮流游戏，让宝宝学会等待与分享。

10 你好

游戏意图

学说简单的礼貌用语：你好！谢谢！再见！

游戏准备

手偶。

玩法与指导

1. 为宝宝布置一个小手偶剧场，先用两个手偶表演早上见面后的场景，激发宝宝说礼貌用语的兴趣。

2. 成人引导宝宝去和好朋友打招呼，学习说礼貌用语。

3. 鼓励宝宝说出礼貌用语，小点儿的宝宝做出动作也可以，例如：拥抱、拉手、作揖状表示谢谢等。

游戏延伸

成人可以为宝宝准备一些小的手偶，让宝宝自己选择喜欢的手偶，这样也会增强游戏的趣味性。

11 小汽车去送货

游戏意图

1. 练习发音，发展语言能力。

2. 培养宝宝对阅读卡片的兴趣和认知能力。

游戏准备

认读卡片。

玩法与指导

1. 成人出示一张事先准备好的认物卡片和一辆合适的玩具车，边说儿歌边将卡片放到车箱上，让宝宝指认，当宝宝说对时成人用语言或夸张的动作对宝宝进行鼓励，比如：让宝宝拍一拍图中的小人头。

2. 游戏可重复玩，适合在饭前和安静活动时进行。成人在出示卡片时要根据宝宝现有的认知能力为基础，先出示宝宝认识的卡片，激发宝宝的兴趣和增强自信心，逐渐过渡到出示宝宝不太认识的卡片，在游戏中引导宝宝认物，练习发音。

游戏延伸

在日常生活中还可以将图中的事物与生活中的事物相联系，丰富宝宝的认知经验。

附儿歌：小汽车，嘀嘀嘀，跑来跑去送东西，送的是什么？宝宝说一说……

12　故事《豆豆》

游戏意图

1. 练习发音，发展宝宝的语言能力。

2. 培养宝宝听故事的兴趣和理解语言的能力。

游戏准备

故事《豆豆》。

玩法与指导

1. 在与宝宝一起进行阅读时，请成人和宝宝找一个既安静又舒适的地方，和宝宝一起坐好，把书摆到适合宝宝看的位置，用好听的声音讲给宝宝听。由于1岁多的宝宝刚刚学说话，对事物的认知水平还比较有限，对某一类相似的东西会用宝宝自己理解的方式来命名，这个时候成人要用正确的语言告诉宝宝这是什么，帮助宝宝认物，学习语言。

2．在日常生活中成人切忌模仿宝宝所说的不正确的话，强化宝宝错误的语言。经过长时间重复地对宝宝讲解，他就会说出事物真正的名字来。

游戏延伸

这个故事多处都有重复的语言，宝宝喜欢听这种类型的故事，可在日常生活中多给宝宝讲这类的故事。

附故事：金豆是个喜欢"豆豆"的小宝宝。看见圆圆的东西就会喊"豆豆"。有一天，妈妈带金豆出去玩，来到街上，金豆指着地上的石头就喊："妈妈，豆豆。"妈妈一看，告诉金豆："这是石头。"妈妈带金豆来到了公园，金豆指着花丛中的花籽就喊："妈妈，豆豆。"妈妈一看，告诉金豆："这是花的种子。"妈妈带金豆又来到了超市，金豆指着货架上的糖就喊："妈妈，豆豆。"妈妈一看，告诉金豆："这是宝宝吃的糖。"妈妈要带金豆回家了，坐在车上指着一位奶奶的脸就喊："妈妈，豆豆。"妈妈一看，笑着告诉金豆："这是奶奶脸上长的痦子。"

13 我喜欢的照片

游戏意图

通过阅读照片，发展认人、认物的能力。

游戏准备

宝宝的照片或宝宝熟悉的人物照片。

玩法与指导

1. 照片作为阅读材料，选择时要注意，让宝宝看一些他熟悉人的照片或自己的照片。照片上的人物要突出，色彩尽量鲜艳，减少背景的干扰。

2. 成人在和小一点儿的宝宝阅读时，成人可以指着照片上的人问一问："这是谁？"让宝宝说出来。或者让宝宝指一指"哪个是妈妈？哪个是爸爸？"练习宝宝认识家人，学习发音。成人在和大一点儿的宝宝阅读时，就可以分别让宝宝说出："这是谁？他在哪？他在干什么？"发展宝宝对阅读材料的理解能力和语言的表达能力。

14 小兔请客

游戏意图

1. 发展语言能力，能说出自己的姓名、年龄，是男孩或女孩。

2. 能回答简单的问题。

游戏准备

好吃的食物。

玩法与指导

1. 成人出示宝宝喜欢的小动物，对宝宝说："今天小动物请客，给宝宝带来了好多的东西，只要你回答出小动物的问题，小动物就把好东西给你。"小动物问："你叫什么呀？"（你几岁了？你是男孩还是女孩或一些简单的问题）当宝宝说对后，小动物就从装有好东西的袋子里拿给宝宝一个东西，宝宝拿到后引导宝宝说"谢谢"。

2. 在游戏过程中引导并鼓励宝宝大胆讲话，有意识地倾听成人提出的问题。

15 **找一找**

游戏意图

能听懂指令，在熟悉的物品中找到需要的东西。

游戏准备

水果玩具，水果卡片。

玩法与指导

1. 成人出示水果玩具，引导宝宝观察，找到需要的东西。

例如：请帮爸爸找一个大苹果；请帮妈妈找一根大香蕉。

2. 成人给宝宝出示水果卡片，说出某一水果的名称，请宝宝找出来。当宝宝找不到时，可以用语言游戏延伸，当宝宝找对了之后，应给宝宝拍拍手或拥抱一下宝宝，以示鼓励。

游戏延伸

可以给宝宝提供熟悉的玩具、熟悉的小动物图卡或者熟悉的日常用品，让宝宝来练习。

艺术游戏

16 彩笔跳舞

游戏意图

发展大把抓笔随意涂鸦的能力。

游戏准备

彩笔，纸。

玩法与指导

1. 家长为宝宝提供一些彩笔和大纸，家长先随意作画，边画边用语言引起宝宝的兴趣。无论宝宝画的是什么，家长都要用积极的语言和动作表示"非常好！太漂亮了！你真棒！"增强宝宝的自信心。

2. 1岁多的宝宝正处于绘画的涂鸦期，这时他对画笔和丰富的色彩非常喜欢。要给宝宝创造拿笔画画的机会。

游戏延伸

画完后给宝宝进行一下记录，为宝宝留下成长中的印记。

17 印画"大手和小手"

游戏意图

认识红、黄、蓝三种颜色名称，用手印画。

游戏准备

图画纸，水粉颜色：红、黄、蓝。

玩法与指导

1. 妈妈和宝宝的手上分别均匀地蘸上水粉色，将手掌印于图画纸上。

2. 在游戏过程中妈妈和宝宝可以比较手掌的大与小。

3. 在印画的过程中认识红、黄、蓝三原色。

手沾上颜色后，不要急于拿起，家长要指导宝宝，轻按轻抬。

游戏延伸

将双脚均匀地蘸上水粉色，印出各种颜色的脚印。

18 小兔的背带裙

游戏意图

练习用水彩笔点圆点的技能，掌握正确的握笔姿势。

游戏准备

画有"穿背带裙的小兔子"的轮廓图，画笔。

玩法与指导

1. 选择自己喜欢的彩笔颜色。

2. 给宝宝示范正确的握笔姿势。

3. 练习圆点的正确画法：轻点轻抬笔。

4. 鼓励宝宝自己将背带裙中点满圆点。

在点画过程中，家长需指导宝宝将圆点画在小兔的背带裙里。不要点画在轮廓线外。让宝宝有意识的控制手部肌肉的力量。

游戏延伸

家长可用其他轮廓图帮助宝宝继续巩固圆点的画法，如：点烧饼上的芝麻；点海滩上的沙子等。

19 小印章

游戏意图

控制小手力量，发展手眼协调能力。

游戏准备

自制几种图形的小印章，剪好水果图形的白纸、擦手布。

玩法与指导

成人指导宝宝用小印章蘸上印泥后，用印章印在水果的轮廓里，随时用布擦干净手上的印泥，尽量不要印在水果外面。

游戏延伸

回家后，家长可把纸团成团，蘸上颜料印手绢、小衣服等，继续锻炼小肌肉及手眼协调能力。

20 **小鱼吐泡泡**

游戏意图

1. 尝试运用废旧瓶盖做印章的方式表现泡泡。

2. 练习宝宝用三指抓。

游戏准备

乐百氏瓶盖，各色颜料、颜料盒（内置海绵），画有小鱼的图画纸。

玩法与指导

请宝宝用瓶盖蘸上自己喜欢的颜色，在图画纸上印出五颜六色的泡泡。引导宝宝说出自己印的泡泡是什么颜色，对于宝宝的大胆作画家长应给予鼓励。

游戏延伸

可以用手工纸撕贴泡泡，还可直接用手点画泡泡。

21 **小动物叫**

游戏意图

1. 认识几种小动物，学它们的叫声。

2. 在游戏中感受乐曲和节拍。

玩法与指导

家长与宝宝一同指认图中的小动物，在宝宝认识小动物的名字后，家长边指某一个小动物边发出小动物的叫声（连续模仿小动物的动作）。当宝宝熟悉小动物名字和小动物的叫声时，可以和宝宝一起边唱边指着某一个小动物，引导宝宝模仿小动物的叫声。

附歌曲：《小动物唱歌》

1= C 2/4

1　2 |3　4 |5 — |5　4 |3　2 |1 — : ‖

小 鸡 怎 样 叫，　叽 叽 叽 叽 叽。

小 猫 怎 样 叫，　喵 喵 喵 喵 喵。

小 羊 怎 样 叫，　咩 咩 咩 咩 咩。

小 狗 怎 样 叫，　汪 汪 汪 汪 汪。

22 摸一摸

游戏意图

认识自己的身体，能跟随音乐做简单的动作。

玩法与指导

1. 家长范唱一遍歌曲。

2. 在唱第二遍歌曲时，请宝宝与家长一起跟做动作，双手像爬楼梯一样，边说数字边向上爬，再用双手摸一摸儿歌中提到的部位。

3. 听音乐，一起边跟唱，边做动作。

家长在指导宝宝时，语速和动作均要放慢，不要着急。

游戏延伸

在家中，家长在宝宝认知身体的基础上，可让宝宝再多做一些复杂的指认游戏，例如：指指我的脚，指指我的膝盖等。

附儿歌：一二三四五，摸摸我的头，一二三四五，摸摸我的脸。

23 小手听指挥

游戏意图

发展语言与动作相配合的能力，练习举、抱、挥等动作。

玩法与指导

1. 随儿歌节奏拍手，根据儿歌内容、顺序，练习将小手向上举，尽量过头，练习将双手抱在胸前及双手挥动的动作。

2. 在发出指令时，家长一定要和宝宝面对面站好，保证给宝宝一个正确的示范，这样比较易于宝宝接受。

游戏延伸

在宝宝学会这些动作后，还可尝试让宝宝做更复杂的动作。

附儿歌：把我的小手举起来，把我的小手握起来，把我的小手挥起来。

24 大拇指

游戏意图

认识并活动手指，练习有韵律的朗诵儿歌。

玩法与指导

1. 教师先发出指令，让宝宝伸出相应手指。

2. 教师朗诵儿歌，让宝宝跟做动作。

3. 鼓励宝宝跟做游戏。

由于此手指游戏是较精细的动作，所以，宝宝能够伸出比较容易伸的手指即可。对于那几个不好伸的手指，家长可以帮助宝宝用一只手捂住其他手指，只露出指定手指就行。

游戏延伸

在家也可和宝宝玩猜手指的游戏。

附儿歌：大拇指，大拇指你在哪里？我在这里，我在这里，我很好。

二食指，二食指你在哪里？我在这里，我在这里，我很好。

25　快乐的宝贝

游戏意图

随歌曲节奏上下弹跃，感受音乐速度变化。

游戏准备

音乐磁盘《麦兜响当当》伴奏版。

玩法与指导

成人让宝宝背对自己，坐在大人的腿上，跟音乐进行上下弹跃。家长要合拍地进行弹跃，让宝宝感受稳定的节拍以及音乐中速度的变化。

游戏延伸

家长可以给宝宝放不同节拍的乐曲，感受不同的节奏类型，用此方法进行弹跃练习。

26 不见了

游戏意图

认识自己的身体，边唱儿歌边做动作，学会控制自己的身体。

玩法与指导

1. 唱前两段词时，双手捂住眼睛，唱到我的××不见了的时候，用双手捂住该部位即可，游戏反复进行。

2. 家长指导宝宝，主要让宝宝听清每段的最后一句，是将身体的哪个部位捂住，增强宝宝的视听协调能力。

游戏延伸

根据宝宝对身体的认知，逐渐加深难度。

附歌曲：《不见了》

1=C 2/4

5 5 3　5 5 3| 1 2　3 5| 2 2　1|

不见了，不见了，我的（手指）不见 了。

5 5 3　5 5 3| 1 2　3 5| 2 2　1‖

不见了，不见了，我的（膝盖）不见 了。

27 青蛙跳水

游戏意图

发展动作协调性，配合歌曲内容做出相应动作。

游戏准备

音乐《小青蛙》。

玩法与指导

先让家长用双手抱住宝宝的腋下，帮助宝宝向前跳跃。练习跳跃的动作，然后跟随音乐做跳跃的动作。家长可带宝宝一拍跳一下，根据宝宝的兴趣，视情况，在中途稍做休息。

游戏延伸

平时即可让宝宝练习跳跃的动作。

28 小宝宝要睡觉

游戏意图

稳定情绪，舒缓心情，感受自然柔和的声音及亲子间的亲情。

游戏准备

大娃娃，乐曲《睡吧小宝贝》。

玩法与指导

1. 宝宝躺在妈妈的怀抱，跟随音乐合拍的自然摇摆，感受稳定的节拍。

2. 在音乐的第二遍，可以尝试变换摇摆姿势，如前后摇、左右摇、把宝宝背在身体后面摇。

此活动主要是让宝宝感受乐曲的美妙旋律和稳定的节拍，所以，要轻轻地随音乐摇摆起来，摇摆姿势要随宝宝的意愿做任意调整。

游戏延伸

家长在家中，可以选择一些柔美的旋律和宝宝进行此游戏。

29 **找朋友**

游戏意图

1. 喜欢听音乐模仿做动作。

2. 发展节奏感，提高参加音乐活动的兴趣。

玩法与指导

1. 成人和宝宝一起听歌曲《找朋友》，并和宝宝一起边听边唱边做动作，引导宝宝找一找好朋友，握握手、抱一抱。

2. 这个游戏最好是家里人多的时候和宝宝一起玩，引导宝宝去找家里的其他人玩"找朋友"的游戏。活动前，家长先和宝宝一起听宝宝歌曲，并与宝宝一起随着音乐的节奏欢快地做动作。

附歌曲：《找朋友》

1=C 2/4

5 5 | 5 6 5 | 5 1 7 6 | 5 5 3 |

找 找 找朋 友，找到 一个 好朋 友，

5 5 3 | 5 5 3 | 2 4 3 2 | 1 2 1 |

敬个礼 握握 手，你是我的 好朋 友。

× － | × － | |

再   见！

健康游戏

30 翻山越岭

游戏意图

锻炼脚部的肌肉，发展身体的平衡能力，促进走步能力的发展。

游戏准备

积木若干。

玩法与指导

1. 在地板上放几块积木，积木所放的形状应该是直线型的，积木与积木之间的距离应与宝宝所跨的步子大小一致。

2. 成人先领着宝宝从一块一块的积木上跨过去。直到宝宝学会熟练地跨过积木后，成人适当的增加难度，如把两块积木堆在一起，让宝宝在跨的过程中不能把上面的积木弄掉。

3. 此游戏进行过程中，最好是成人先在积木上做跨步动作，再领着宝宝做，最后让宝宝自己做。

游戏延伸

成人可根据宝宝能力增加障碍物的高度，激发宝宝对游戏的兴趣。成人还可以在地上设置"小河"、小木墩之类，在地上有间隔地放置一些沙包或细木条，放在地上让宝宝来回跨步。

---

31 **追彩铃球**

游戏意图

训练跑的能力，进行视觉、听觉的练习。

游戏准备

彩铃球。

玩法与指导

1．取出彩铃球，摇动出声音或者向上投掷、接住，引起宝宝兴趣。

2．成人边摇动彩铃球边倒退，引导宝宝追逐彩铃球。适当让宝宝获得成功，以调动宝宝的兴趣。

3．成人将彩铃球扔到离宝宝1.5米左右的地方，引导宝宝闻声寻球，随着宝宝听觉和动作的敏感度的增加，扔彩铃球的距离可以逐渐加长。

---

32 **小小过山车**

游戏意图

培养身体平衡能力，锻炼胆量。

游戏准备

垫子。

玩法与指导

1. 请成人曲腿平躺在垫子上，让宝宝趴在成人的腿上。第一次游戏时，成人可以任意上下或左右摆动双腿，把宝宝摇晃起来，对平衡能力稍弱的宝宝成人可以帮助。锻炼宝宝的平衡能力。

2. 宝宝适应游戏后，成人可以松开双手，再晃动双腿，但幅度要小一些，让宝宝自己试着掌握平衡。

3. 游戏结束时，成人把宝宝翻过来，增加游戏性。成人要根据自己孩子的情况，控制摆动的幅度，如果宝宝适应了，成人就可以动作做的大些。

33 玩具跟我走

游戏意图

通过辅助材料练习走路。

游戏准备

拖拉玩具。

玩法与指导

1. 成人拉着玩具前面走，让宝宝学拉的方法。

2. 宝宝自己拖拉玩具，如拉着玩具走，推着婴儿车向前走等。

当宝宝拉的时候绳子缠绕在一起，成人要及时地给予帮助。

34 刮大风

游戏意图

练习走、蹲下、站起等动作，发展手臂力量和身体控制力。

游戏准备

宽敞的场地。

玩法与指导

1. 成人与宝宝面对面地站立，成人拉着宝宝的手臂慢慢转动，成人可以根据自己宝宝的能力控制转动的速度。当成人说："风停了。"引导宝宝慢慢蹲下或站住。

2. 反复进行游戏。成人在转动时可由慢到快，等宝宝站稳后再松手。

35 跷跷板

游戏意图

提高身体平衡力，锻炼胆量。

游戏准备

大小适宜的软地垫一个。

玩法与指导

1. 游戏准备。家长坐地垫上，双腿微抬，请宝宝坐家长脚踝上，家长双手握住宝宝小手。

2. 念儿歌第一句"跷跷板，翘呀翘"时，家长抬高小腿，身体后仰，把宝宝举高。

3. 念儿歌第二句"飞得低，飞得高"时，家长放下小腿再提起，让宝宝上下颠簸，体验高低变化，并调整身体保持平衡。

4. 念儿歌第三句"飞飞飞，飞到半云霄"时，家长增加动作幅度，把腿高高抬起，让宝宝在瞬间变化中，体验游戏的惊险刺激，锻炼胆量。

游戏延伸

请宝宝两只手臂伸直，家长将宝宝横着托起，让宝宝学小飞机，一会儿高一会儿低地转圈飞行，同样可以锻炼宝宝的身体平衡能力。

家长抬高小腿身体后仰，把宝宝举高。

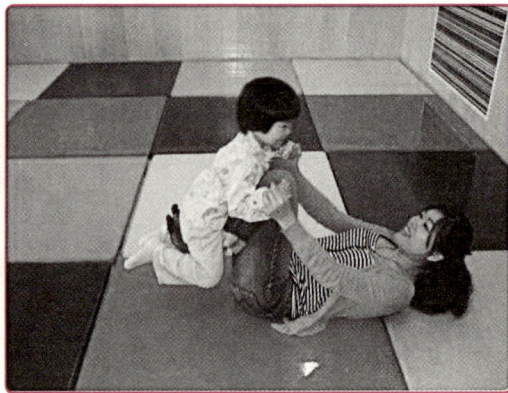

家长放下小腿再提起，让宝宝上下颠簸。

36 钻山洞

游戏意图

锻炼手膝协调地爬和钻的能力。

游戏准备

爸爸妈妈和家里的其他成员排成一队，双腿跪地，双手向前撑地，用身体扮成"山洞"。

玩法与指导

1. 爸爸妈妈和家里的其他成员排成一队，双腿跪地，双手向前撑地，用身体扮成"山洞"。

2. 大家一起说儿歌：大山洞，长又长，小小蜗牛赶路忙，快快钻过大山洞，一起庆祝喜洋洋！

3. 宝宝和爸爸妈妈说完后，马上手膝着地钻爬过去。

游戏延伸

成人还可以让宝宝变换其他的动作钻过去；也可以在山洞的另一端放上宝宝喜欢的玩具，吸引宝宝爬过去拿。

37 小企鹅学走路

游戏意图

增进亲子间的情感，练习平衡动作。

游戏准备

软垫子或床，脱掉鞋，穿着袜子。

玩法与指导

宝宝的小脚踩在家长的脚上（可以面对面，也可以和家长一个方向），家长握住宝宝的手腕，一步一步向前走路。

附儿歌：小企鹅，学走路，站在爸爸大脚上，

向前看，迈开脚，一步两步三四步，

一摇一晃走起来，宝宝走的真开心！

38 小熊踩球

游戏意图

通过活动锻炼手臂及腿部肌肉力量。

游戏准备

彩色球一个。

玩法与指导

宝宝平躺在床上，家长拿一个彩色球放在宝宝上方刺激宝宝用脚和手踢打彩色球。

游戏延伸

可以将球吊挂在一个地方让宝宝拍打。

39 大马小马跑得快

游戏意图

1. 练习手膝爬。

2. 锻炼上肢和下肢的协调能力。

游戏准备

长2米、宽0.6米左右的垫子一块，毛绒玩具一个。

玩法与指导

1. 妈妈双膝跪在垫子上双手支撑身体，宝宝骑坐在妈妈的背上，双手抓住妈妈的衣服。

2. 妈妈手膝向前爬行，宝宝骑坐在妈妈的背上说：大马、大马跑得快。

3. 宝宝模仿妈妈的样子，双膝跪在垫子上双手支撑身体，妈妈将玩具娃娃或毛绒玩具放在宝宝的背上或脖子上，宝宝手膝向前爬行，边爬行边说：小马、小马跑得快。

4. 游戏可反复进行。

游戏延伸

1. 宝宝游戏时，背上可放上沙包、靠垫、枕头、报纸、图书等物品。

2. 宝宝和家长进行手膝爬的比赛活动，玩"小马大马看谁跑得快"的游戏。

40 小淘气，踢踢球

游戏意图

1. 锻炼腿部力量，使腿部肌肉、骨骼得到健康发展。

2. 锻炼注意力。

游戏准备

布绒球，皮球（充气塑料球亦可）。

玩法与指导

1. 用结实的绳子把布绒球挂在婴儿床上方。

2. 成人怀抱婴儿，婴儿面朝前方，在成人帮助下去踢球。边踢边对宝宝说："小淘气，踢球球，球球撞到脚丫上。"

3. 宝宝踢到球后，妈妈要亲亲宝宝的小脚，鼓励宝宝。

4. 左右脚轮流踢，也可以抓住宝宝的两只脚同时踢。

5. 还可以在平坦的地方踢球。

提示：

★球不要太大，颜色鲜艳，最好是单色。

★要控制好幅度，以免宝宝视线跟不上，从而影响积极性。

★游戏中，成人要多和宝宝进行目光交流，语气要活泼，动作要轻柔。

游戏延伸

皮球游戏在宝宝成长过程中是非常重要的一项内容，无论是踢球、追球还是拍球，对宝宝运动能力的提高和左右脑发育都起着重要的作用。

---

41 踩石头过河

游戏意图

练习行走动作，锻炼平衡能力和身体协调能力。

游戏准备

积木块。

玩法与指导

成人在地上放几块大小不等的积木，两块积木之间相隔一步。成人告诉宝宝现在是在河边，这些积木是河里的石头，让宝宝踩着石头过河，不要掉到河里去。如果宝宝不小心踩到地上，成人可抱着宝宝一起滚到地上说："宝宝掉到河里了。"游戏重新开始。石头的距离可以有远有近，或摆成一条直线，增加游戏的趣味和难度。

游戏延伸

可用榻榻米替代积木在家进行，难度降低、高度降低，使宝宝敢于尝试。

附歌曲：《踩石头》

1=C 2/4

1 2 | 2— | 3 5 | 5— | 3 1 3 4| 5 —|

踩 石 头， 过 小 河， 不 要 掉 进 河。

4 6 | 6— | 3 5 | 5— | 2 4 3 2| 1 —||

过 小 河， 踩 石 头， 不 能 掉 进 河。

---

42 **抓小球**

游戏意图

能用双手尽力够前面的玩具。

游戏准备

小球或玩具。

玩法与指导

宝宝背靠着成人的腿，成人双手抱住宝宝的腰，宝宝把腿抬起，向前伸手去触摸小球（刚一开始可以抓宝宝喜欢的小玩具），熟悉后，成人可以和宝宝面对面站好，依然抱宝宝的腰，鼓励宝宝向后弯腰，触摸小球或玩具。落差会给宝宝带来恐惧，通过有趣的游戏可以减少高空落差带给宝宝的恐惧感，培养宝宝的胆量及自信心。

游戏延伸

宝宝趴在低矮床上，成人扶宝宝脚，让宝宝够床下玩具。

---

43 **按摩球**

游戏意图

感受按摩球在身体上的滚动，增进亲子情感。

游戏准备

按摩球1个。

玩法与指导

1. 请宝宝平躺在床上，身体放松，家长用按摩球从宝宝的头开始慢慢旋转滚动，胸、腹、下肢、脚等部位。

2. 家长边滚动按摩球，边用语言进行提示：按摩按摩头，按摩按摩胸，按摩按摩肚子，按摩按摩大腿，按摩按摩小腿，按摩按摩脚。

3. 请宝宝翻过身趴在床上，家长用按摩球进行按摩，边按摩边说出身体各部位的名称。

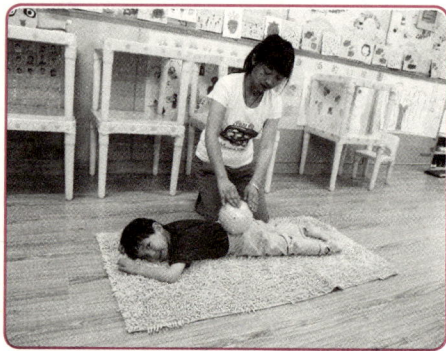

家长用按摩球慢慢旋转，滚动宝宝身体各部位。

游戏延伸

1. 请宝宝模仿家长的样子，用按摩球给家人进行按摩。

2. 宝宝和家长利用按摩球进行互相滚球、抛接球等游戏。

44 **空中自行车**

游戏意图

练习腿部力量，增进亲子间的情感。

游戏准备

软垫。

玩法与指导

宝宝和家长躺在垫子上，把双脚抬起，两脚自由屈伸做骑自行车的动作，可以和宝宝说骑车去公园玩或者和宝宝来数数骑几下能到公园，从而锻炼宝宝腿部力量。

游戏延伸

还可以与宝宝面对面坐，双手撑垫子，大脚和小脚相对模仿骑自行车的动作。

45 **会响的玩具**

游戏意图

发展手部小肌肉的动作，体验成功和喜悦。

游戏准备

各种大小不同瓶口的塑料瓶，各种大小不同的豆子。

玩法与指导

1. 出示"会响玩具"引起宝宝制作兴趣。和宝宝一起往塑料瓶里装豆子。

2. 开始时，宝宝也许会用五个手指一起抓豆子。这时，家长伸出拇指和食指，边做张合的动作边有节奏地说："两个好朋友，见面点点头，两个好朋友，见面握握手，两个好朋友，见面抱一抱。"说儿歌的同时拇指和食指捏住一粒豆子放进瓶里。

3. 通过儿歌的形式，引导宝宝用大拇指和食指捏豆子的兴趣。等宝宝把豆子都捏进瓶里，家长协助宝宝把瓶盖拧好，请宝宝拿在手上摇一摇或放在地上踢一踢，瓶子就会发出好听的声音。

46 拉绳取物

游戏意图

发展手眼协调及用手抓、拉的动作，培养语言理解能力。

游戏准备

各种玩具。

玩法与指导

1. 桌上放一根系有玩具的绳子，绳子另一端放在孩子手能触摸到的地方，然后示意孩子伸手去拉绳，教他学习朝自己的方向拉绳，直到拿到玩具为止。

2. 反复练习。拿到玩具时要引导宝宝准确说出玩具的名称。引导孩子咬字吐字发音清楚。

游戏延伸

绳子上系的玩具是时常更换的，每次当他拿玩具时要顺便教他知道玩具的名称。

47 搭高塔

游戏意图

将两三块积木叠放在一起，锻炼手眼协调能力。

游戏准备

积木。

玩法与指导

1. 成人为宝宝准备三四块大小相同的方块积木，找一处平整的地方，这样便于宝宝叠搭。

2. 在宝宝搭积木的过程中成人要用积极的语言鼓励宝宝，当每搭好一块时，要给予语言和动作上的奖励。

3. 当宝宝没搭好时，要多鼓励，用正面的语言与宝宝交流，如："没关系，咱们再试一次。"

游戏延伸

搭积木是宝宝喜欢的活动，在搭积木的过程中可以培养宝宝注意力的稳定性和小肌肉的控制能力，成人不防多让宝宝练习。成人可以将宝宝每次搭好的块数，在表格里为宝宝记录下来。

附儿歌：积木手中拿，宝宝搭高塔，

一块一块搭上去，积木变成大高塔。

48 双手抓握游戏

游戏意图

能听成人指令做动作，锻炼双手手指的灵活性。

游戏准备

小猫、小狗的小贴画各2张。

玩法与指导

1. 宝宝和成人面对面坐好，将宝宝喜欢的小贴画，分别贴在宝宝左右手的手心上，认识贴画上的动物名称。

2. 成人让宝宝五指张开手心向上，成人对宝宝说："小猫不见了（宝宝一只手握紧拳头），小狗不见了（宝宝另一只手握紧拳头），小猫、小狗出来了（宝宝双手张开）。"

3. 成人握住宝宝的手边说儿歌边做动作。"握紧张开，握紧张开，小手拍一拍。"双手握紧，再张开，然后在胸前拍三下手。儿歌速度要慢一些，与动作保持一致。

4. 成人带领宝宝边说儿歌边做动作。

游戏延伸

1. 儿歌的最后一句内容可以更换，如"小手转一转""小手爬一爬""小手捶一捶""小手弹一弹"等，同时根据更换的内容变换动作。

2. 待宝宝掌握此游戏后，成人可以引导宝宝听指令，用双手做各种动作。

3. 为了增加游戏的兴趣，成人可以在每次游戏时，使用不同的贴画。

49 小猫喵喵喵

游戏意图

锻炼小手的握力。

游戏准备

橡胶发声动物玩具小猫一个。

玩法与指导

1. 成人将橡胶发声动物玩具小猫放在手心，告诉宝宝玩具的名称，边说儿歌边攥拳将小猫玩具捏出声响："这是小花猫，小猫喵喵喵！"

2. 成人将橡胶发声动物玩具小猫放在宝宝的手心里，成人握住宝宝的手，边说儿歌边教宝宝玩游戏。

3. 成人鼓励宝宝自己用手握紧橡胶发声动物玩具小猫进行游戏。

游戏延伸

1. 可以使用小狗、小鸭、小青蛙等其他橡胶发声动物玩具或毛绒发声玩具进行游戏。

2. 引导宝宝分别使用左右手进行抓握玩具。

50 捡珠子

游戏意图

发展观察能力，锻炼手指的灵活性。

游戏准备

大红花布，彩色大珠子。

玩法与指导

1. 在花布上面洒上珠子。

2. 请宝宝取小筐，要说出"我要……谢谢"。

3. 成人引导宝宝仔细观察，找到珠子，捡起放在小筐中。成人要注意宝宝是否会用两指捏起珠子，而不是用整个手抓，如果宝宝不会灵活使用手指，没关系，就让他用自己的方式，以后再逐渐加强练习。

游戏延伸

将大珠子变小，也可用数量较多、体积较小的玩具代替珠子放在不同的花布或者花纸上，让宝宝练习捡起物品。

---

51 **自己喝水**

游戏意图

养成自己双手端水杯喝水的习惯。

游戏准备

水杯。

玩法与指导

1. 成人为宝宝提供训练杯，避免宝宝把水倒在身上，帮助宝宝学习控制水流，引导宝宝自己用水杯喝水。

2. 当宝宝使用训练杯有一段时间后，成人可以尝试着用普通的小水杯，让宝宝练习喝水，注意一次倒入水杯中的水不要过多，一口即可，以免把水洒到身上。

一岁多的宝宝应该自己学习端水杯喝水，虽然他们控制不好水流，但也要为宝宝创造锻炼的机会，不要因为宝宝做不好，就不让他练习。

附儿歌：小宝宝，本领高；双手端起小水杯，咕咚咕咚喝个饱。

52　**好吃的饭菜**

游戏意图

尝试自己用勺子装上食物放进嘴里。

游戏准备

宝宝喜欢的小勺。

玩法与指导

1. 为宝宝准备爱吃的且易于用勺子装上的饭菜，妈妈和宝宝各用一把勺子，地上铺上废旧报纸或塑料布，宝宝戴上围嘴。

2. 妈妈富有激情地和宝宝说"香喷喷的饭真好吃""妈妈都想吃了"等话语引起宝宝吃饭的兴趣。让宝宝自己装食物放进嘴里，妈妈在旁边也用勺子插空喂宝宝。

3. 在宝宝练习自己吃饭的一段过程中，可能出现用手抓饭的现象，成人不要制止和批评宝宝的行为，因为宝宝最初用勺子时，掌握不好勺子用法，会出现洒饭的现象，是正常的，成人不要责怪和批评宝宝，但宝宝出现玩饭的现象时，成人要给予指导，避免造成宝宝不良的饮食习惯。

感知觉游戏

53 蚂蚁钻洞

游戏意图

发展小肌肉运动能力和触觉。

游戏准备

废旧盒子。

玩法与指导

1. 宝宝在这一阶段愿意抠有洞洞的物品，利用家中的废旧盒子为宝宝制作一个"小蚂蚁的家"，在盒子上开一些小洞洞，成人还可以根据宝宝的认知水平在小洞洞周围画一些宝宝认识的图形或图案。

2. 游戏开始，成人示范给宝宝看，边说儿歌边用食指做小蚂蚁爬行状，在盒子上面爬行，说到要回家时，成人将食指抠进洞洞里。然后引导宝宝来玩，玩几次后，成人可以增加游戏的难度，如小蚂蚁要回红色的家，小蚂蚁要回圆形洞洞的家，培养宝宝对颜色、形状的感知。

54　小熊学样

游戏意图

锻炼听觉灵敏度，提高模仿能力。

玩法与指导

成人朗诵儿歌，宝宝与家长一起做动作。只要宝宝的有意注意能够持续一段时间并且跟做部分动作就可以了。成人还可以只选择其中的一句，或打乱儿歌的顺序，请宝宝认真倾听，并做相应的动作。

游戏延伸

家长可以和宝宝玩照镜子的游戏，家长与宝宝面对面做游戏，请宝宝模仿家长的动作，提高游戏的趣味性。同时，提高宝宝的模仿能力。

附儿歌：小熊小熊举起手，小熊小熊点点头，

小熊小熊弯弯腰，小熊小熊坐下来。

55　好玩的纱巾

游戏意图

感知纱巾的不同变化，体验亲子游戏的快乐。

游戏准备

纱巾每人一条。

玩法与指导

1. 成人将纱巾发给宝宝，成人引领宝宝摸一摸、玩一玩，自由的感知。

2. 成人引领宝宝尝试纱巾的不同玩法。

不同玩法：

★ 将纱巾盖在宝宝头上，通过宝宝视觉感知周围颜色的变化。

★ 成人引领宝宝拉住纱巾的角抖一抖。

★ 成人和宝宝将纱巾团紧再打开，发现纱巾的变化。

游戏延伸

成人可以利用家庭中的生活用品和宝宝一起玩游戏。如枕巾、床单等。在游戏中可以发展宝宝的各种感知觉。

---

56 **坐飞机旅行**

游戏意图

发展前庭平衡能力，促进亲子感情。

游戏准备

软垫。

玩法与指导

成人仰躺在软垫上，腿向上抬起，将宝宝趴卧在小腿上。上下左右轻晃几下，让宝宝感受一下坐飞机的快乐。

游戏延伸

家长还可以双手托着宝宝，宝宝趴在家长的手臂上，宝宝的双臂伸平，家长可以左右晃动双臂，让"飞机"前后"飞"。

附儿歌：我是小飞机呀，

飞到高空中呀，

上飞飞，下飞飞，

左飞飞，右飞飞，
飞来飞去真有趣！

57 毛毛虫

游戏意图

感受在成人身上高低起伏的变化，培养平衡觉。

游戏准备

干净的地板或能够活动的软垫子。

玩法与指导

家长屈膝坐在垫子上，让宝宝面对家长分腿坐在自己的腿上，坐稳后家长双手撑垫子，双腿一屈一伸，向前挪动臀部，手臂跟着往前挪，边说儿歌边往前挪动，宝宝在身上感受一会儿高一会儿低的起伏变化。

游戏延伸

家长根据宝宝的喜好，叙编儿歌；还可以向后走或让宝宝和家长同方向坐，挪到不同的位置帮助宝宝认识家里的不同物品。

附儿歌：毛毛，毛毛虫呀，去旅行呀，爬呀爬呀，爬到动物园呀，看看小兔子！

毛毛，毛毛虫呀，去旅行呀，爬呀爬呀，爬到……呀，看看……

58 小帆船

游戏意图

发展平衡觉，体验滑动游戏的快乐。

游戏准备

单人床单。

玩法与指导

1. 成人将一条单人床单打开，在床单的两个角打好结，让宝宝坐在床单上，成人拖着床单走。边说儿歌边示范游戏的玩法。

2. 请宝宝坐在打结一端的床单内，与成人一起边说儿歌边自由走动进行游戏活动。

游戏延伸

日常生活中，成人可利用浴巾、毛巾被等尝试多种玩法，发展宝宝的平衡能力，继续体验滑动游戏的快乐。

附儿歌：小帆船，转呀转，转到海边看一看，这里的风景真好看。

---

59 下雨了

游戏意图

通过游戏，发展触觉，感受与家人身体接触、共同游戏的快乐。

玩法与指导

宝宝以舒服的姿势趴在成人怀里，闭上眼睛。成人边说"下雨了，滴答、滴答、滴答"，边用手指不定位置、不定间隔时间、不定力度地点触宝宝的后背、头、肩、屁股、耳朵等身体各处。慢慢变成"雨下大了，哗啦、哗啦、哗啦"，成人十指在宝宝身体各部位快速"弹钢琴"、快速按揉宝宝的身体，让宝宝体验不确定的点触、痒、按揉等感受。

60 包饺子

游戏意图

发展触摸觉，增进亲子感情。

玩法与指导

家长和宝宝边说儿歌边游戏。

1. 擀擀饺子皮儿，（宝宝平躺，家长在宝宝身上擀一擀）

2. 合拢合拢馅儿，（用手在宝宝肚子上搅拌）

3. 捏捏饺子皮儿，（用手在宝宝身体各个部位捏一捏）

4. 切三下，（用手在宝宝身体各个部位切一切）

5. 饺子包好了，（抱起宝宝，抱一抱）

6. 放进锅里煮一煮，（家长轻推宝宝，使宝宝打个滚）

7. 捞出饺子尝一尝。（家长将宝宝抱起，亲一亲）

61 不倒翁

游戏意图

锻炼平衡觉。

游戏准备

软垫子。

玩法与指导

1. 家长坐在垫（或床）上，两手握住自己脚腕，双臂将宝宝固定在怀里。

2. 边说儿歌边游戏。

"不倒翁，翁不倒，怀里抱着小宝宝。"（家长怀抱宝宝左右摇摆，尽量增加摇摆的幅度）

"摇来摇去摇不倒。"（"摇来摇去"时左右摇摆，"摇不倒"时家长以臀部为圆心利用腰腹力量做向后仰转的动作，然后回复到坐的姿势）

提示：

★ 在最后翻转时要尽可能向右侧倒，再用惯性立刻调整方向，完成旋转。

★ 在旋转过程中家长要保护好宝宝的安全。

62 大吊车

游戏意图

感受在垫子上不同位置的变化，发展前庭平衡。

游戏准备

儿歌《大吊车》。

玩法与指导

1. 家长握住宝宝的手腕，边说儿歌边轻轻地向上提、放。

2. 对于更小的宝宝，家长从腋下抱起、放下，随着儿歌内容和宝宝玩游戏。

游戏延伸

让宝宝躺在床单中间，爸爸、妈妈分别站在床单的两端，拎起床单的四个角，将宝宝悠起来，感受在空中晃动的感觉。

附儿歌：大吊车，真有趣，爱和宝宝做游戏；

一会儿高，一会儿低，一会儿飞到天上去。

63 **小布船**

游戏意图

锻炼感觉统合能力，为玩秋千做准备。

游戏准备

毛巾被一条。

玩法与指导

1. 把毛巾被平放在地板上，请宝宝平躺在毛巾被的中间，身体放松。

2. 爸爸妈妈分别蹲在毛巾被的两边，同时双手握紧毛巾被的四个角，将宝宝慢慢抬起。

3. 爸爸妈妈的双手同时向左右慢慢摇摆，边摇边说儿歌。

游戏延伸

1. 用毛巾被将孩子裹起来，引导宝宝在地毯上练习身体滚动。

2. 引导宝宝和家长一起叠毛巾被。

附儿歌：小布船，摇摇摇，摇到我的外婆桥，宝宝躺在布船里，外婆看见咪咪笑。

64 **小背篓**

游戏意图

体验在妈妈背上玩的快乐，增强触觉的敏感度。

玩法与指导

家长和宝宝边说儿歌边游戏。

1. 小背篓，圆溜溜，（家长将宝宝背好，随儿歌节奏先缓慢地走）

2. 妈妈背着走一走。（背着宝宝四散走或绕圈走）

3. 走一走，走一走，（背着宝宝走时加快节奏）

4. 跳一跳，跳一跳，（背着宝宝微微跳一跳）

5. 弯弯腰，弯弯腰，（家长微微弯弯腰）

6. 高高兴兴就到家。（把宝宝放下）

65 **悠悠床**

游戏意图

锻炼身体平衡能力，通过摇起的高低体验落差感。

游戏准备

垫子。

玩法与指导

成人边唱儿歌边摇软垫，激发宝宝的活动兴趣。可以一个宝宝躺在软垫上像摇篮一样摇，也可以两个宝宝坐在上面摇或者两个宝宝趴在垫子上，双手抓住垫子边。成人注意让宝宝抓牢垫子边，不要摔下来，如果宝宝适应了目前的摆动幅度，成人就可以动作做得大些。

游戏延伸

也可以通过滑梯锻炼宝宝的落差感。

附歌曲：《悠悠床》

1=C 2/4

1 3 1 3 | 5— | 1 3 1 3 | 2— | 1 2 3 4 | 5— | 5 4 3 2 | 1— ||
悠悠 悠悠 床，悠悠 悠悠 床，摇起 高和 低，真呀 真有趣。

66 小老鼠

游戏意图

增进亲子间的情感，感受身体高低起伏的变化。

游戏准备

手绢一块。

玩法与指导

家长和宝宝一边说儿歌，一边拿着手绢老鼠，在宝宝身上按儿歌节奏走来走去，当说到"下不来"时，"小老鼠"钻进宝宝脖子，说到"滚下来"时，"小老鼠"钻进宝宝肚子位置。

游戏延伸

等到宝宝和家长玩熟以后，可以宝宝拿着小老鼠，在家长身上走来走去。

附儿歌：小老鼠，上灯台，偷油吃，下不来，喵喵喵，猫来了，叽里咕噜滚下来。

67 棉花糖

游戏意图

发展身体的平衡能力，增进亲子情感。

游戏准备

一根长约两米左右的绳。

玩法与指导

准备一根长约两米左右的绳，家长手握绳子一端，宝宝手握绳子的另一端，家长发出口令"棉花糖"，家长与宝宝同时转动身体向绳子的中间方向卷；家长再次发出口令后，同时向外转动身体打开。

家长手握绳子一端，宝宝手握绳子的另一端。

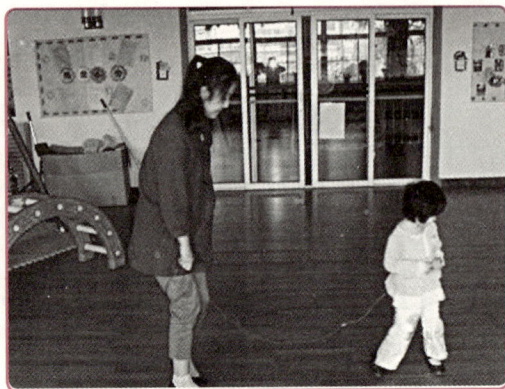

家长与宝宝同时转动身体向绳子的中间方向卷。

68 **摇啊摇**

游戏意图

发展感觉统合能力，增加家庭的亲情。

游戏准备

大浴巾一块。

玩法与指导

1. 擦擦我的宝宝。当宝宝洗完澡后，成人将宝宝包裹在大浴巾内用浴巾轻轻擦拭宝宝的全身。一边擦一边说："擦擦宝宝的胳膊，擦擦宝宝的肚肚，擦擦宝宝的大腿。"在对宝宝全身擦拭的过程中锻炼宝宝皮肤的触觉。

2. 摇啊摇。当宝宝的全身擦拭干净之后，两名成人将浴巾的四角提起，宝宝躺在浴巾中。成人左右摇动浴巾，一边摇一边说儿歌："摇啊摇，摇啊摇，摇到外婆桥。外婆叫我好宝宝，一只馒头一块糕。"成人说儿歌的时候眼睛要看着宝宝的眼睛，用眼神来交流感情。

游戏延伸

1. 当宝宝对成人摇晃的幅度已经接受时，成人可以加大摇晃的幅度。

2. 浴巾可以适当地更换为粗糙的质地，用以帮助宝宝建立良好的皮肤触觉。

 **69** **包饺子**

游戏意图

发展触觉。

游戏准备

儿歌。

玩法与指导

宝宝平躺于地面，家长一边念儿歌一边帮宝宝按摩身体。家长在帮助宝宝按摩时，手的力度要适中。

1. 和和馅儿呀和和馅儿（肚子），切切面呀切切面（手心手背），

2. 擀擀皮儿呀擀擀皮儿（脚底），捏饺子呀捏饺子（胳膊），

3. 数三下，1、2、3（大腿），饺子饺子包好了（翻身），

4. 放到锅里煮一煮（晃动宝宝身体），翻一翻（翻身），

5. 捞起饺子闻一闻（抱起宝宝闻一闻），哇，真香呀！（亲宝宝）

游戏延伸

此活动属于有关生活常识的游戏，家长可积累生活中的事情进行改编儿歌如"包包子"。

1.5~2岁

婴幼儿游戏

认知游戏

70 找五官

游戏意图

能认识自己五官的位置，并能准确的找到。

游戏准备

一张中间带洞的旧报纸。

玩法与指导

宝宝手拿一张带洞的旧报纸，成人来说五官的名称，宝宝要迅速地移动报纸，并将洞洞对准所说五官的相应位置上。

游戏延伸

宝宝说五官，成人手拿带洞的报纸来找五官。

71 找妈妈

游戏意图

能通过观察衣着找妈妈。

游戏准备

能蒙住脸的头饰。

玩法与指导

说儿歌："小宝宝本领大，快快快快找妈妈。"妈妈趁宝宝不注意将头饰戴上，宝宝听到指令后，开始根据自己的观察去判断谁是自己的妈妈。成人要适度来装扮，避免宝宝受到惊吓。

游戏延伸

可让宝宝在活动中找爸爸、爷爷、奶奶等。

72 神奇的小靴子

游戏意图

锻炼胆量，培养自信心。

游戏准备

布制圣诞靴子，各种与孩子生活贴近的物品。

玩法与指导

1. 靴子里装进各种与宝宝生活贴近的物品，成人拿出靴子引起宝宝兴趣，请一个宝宝伸手来摸出一个东西。

2. 请宝宝说出东西的名称及用途。

3. 成人要及时给予鼓励，送宝宝一个小印章。

4. 要根据宝宝能力及时调整对宝宝的要求。

---

73 小小动物园

游戏意图

锻炼发音能力和反应能力。

玩法与指导

1. 成人和宝宝坐成一排，成人指定每个宝宝都扮演一种会叫的小动物，让宝宝牢牢记住自己是哪种动物，如成人说"小猫"，扮演小猫的宝宝快速地学出小猫叫，看哪个宝宝反应得快。

2. 如果宝宝反应不过来，成人可以做提示。

---

74 水果串

游戏意图

1. 巩固对香蕉、梨的认识。

2. 知道水果有多种吃法，养成喜欢吃水果的好习惯。

游戏准备

各种水果。

玩法与指导

1. 成人拿出几种水果请宝宝观察，请宝宝说出水果的名称。

2. 成人带领宝宝一起洗水果，一起观察水果的形状与颜色。

3. 宝宝在成人的帮助下一起将水果剥皮、切块、制作水果串。

4. 请宝宝介绍自己串好的水果串，里面都有什么水果。

5. 成人和宝宝一起品尝水果串，感受自己制作成功的快乐。

提示：

★ 成人引导宝宝说出水果的名称、颜色、形状等特点。

★ 在制作过程中成人随时提醒宝宝要注意安全，学习切、串的技能。

★ 成人鼓励宝宝相互品尝自己制作的水果串，使宝宝知道多吃水果对身体好，为宝宝提供相互交流的机会。

75 宝宝的眼睛

游戏意图

认识自己五官的名称，能听成人的指令做动作。

游戏准备

宝宝的大头照片一张。

玩法与指导

1. 成人出示宝宝的照片，引导宝宝观察自己照片上的五官。成人对宝宝说："这是宝宝的照片，宝宝的眼睛（鼻子、嘴边、耳朵、眉毛）在哪里？用手指一指。"成人引导宝宝边说边用手指出来。

2. 成人把宝宝的照片收起来，请宝宝听指令，用手指一指自己的五官，并说出五官的名称。成人说："宝宝的鼻子（眼睛、嘴边、耳朵、眉毛）在哪里？用手指一指。"宝宝说："鼻子（眼睛、嘴边、耳朵、眉毛）在这里。"

游戏延伸

1. 引导宝宝听指令指出家庭成员的五官位置。例如：妈妈的眼睛在哪里？爸爸的耳朵在哪里？等等。

2. 在日常生活中引导宝宝认识身体的各部位名称。

3. 成人和宝宝一起看书，认识动物的名称及动物的主要特征。如大象的鼻子长又长，兔子的耳朵长又长等。

76 ### 纱巾捉迷藏

游戏意图

能运用已有经验作出判断，找出藏起来的物体。

游戏准备

纱巾。

玩法与指导

1. 成人在宝宝的注视下将纱巾团成一团藏在衣服里，引导宝宝通过观察发现纱巾的位置。

2. 成人趁宝宝不注意将纱巾藏在身体的某一部位，让宝宝用最短的时间将纱巾找到。

3. 引导宝宝将纱巾藏起来，成人来找，可故意找不到，增加宝宝的兴趣。

游戏延伸

可将纱巾替换成其他大小不同的物品进行游戏。

77 **帮助鸡妈妈找蛋**

游戏意图

促进视觉发育，提高观察能力。

游戏准备

布，玩具鸡蛋，小筐。

玩法与指导

1. 听成人讲述鸡妈妈生蛋的故事。

2. 在布上放上"鸡蛋"，让宝宝爬着去帮鸡妈妈找蛋，找到的鸡蛋放进成人的小筐中，成人要鼓励宝宝不断地去找蛋。

游戏延伸

1. 将布平铺在地垫上，成人说儿歌"鸡蛋鸡蛋快快藏，宝宝宝宝快快找"，将玩具鸡蛋放在伞下面。

2. 成人引导宝宝爬进去找到鸡蛋，爬出来放在小筐中，成人要用伞面罩住宝宝的身体，让宝宝自己从黑暗中爬出来。如果宝宝感到害怕，成人可给宝宝透一点光，让宝宝逐渐适应。以此锻炼宝宝适应黑暗的能力，增强胆量。

78 **手心手背**

游戏意图

1. 在游戏中初步区分手心和手背。

2. 培养注意力和反应速度。

玩法与指导

参加游戏的人都把双手放在背后，轮流喊口令，如成人说"手心"，大家快速伸出手心。宝宝说"手背"，大家则伸出手背，看谁伸出得快、伸出得对。伸出的快和对的给予奖励。这个游戏需要高度的注意力，因此时间不宜太长，五分钟为宜。

游戏延伸

宝宝在熟悉游戏后，可以增加难度，如伸出大拇指。让宝宝通过游戏进一步认识自己的身体。

79 我的标记

游戏意图

认识自己的标记，并能从标记处取放东西，培养规则意识。

游戏准备

成人和宝宝的单人照片，宝宝熟悉的鞋子。

玩法与指导

家长可选择在离鞋柜较近的地垫，让宝宝坐在自己的腿上，以怀抱式体态与宝宝进行游戏活动。

1. 家长带领宝宝逐一阅读照片，引导宝宝说一说照片上是谁？并将照片摆放在地垫上。

2. 分别拿出爸爸、妈妈、宝宝的鞋子，结合宝宝的已有经验问"这是什么？是谁的？"如果宝宝能够准确地说出名称并能指认是谁的鞋子，家长要及时给予肯定与鼓励，如果宝宝没能说出，家长可语速较慢地告诉宝宝说"爸爸的鞋子"，与此同时将爸爸的鞋子摆放在爸爸的照片旁边，依此类推。

3. 与宝宝玩"藏藏找找"的游戏，巩固宝宝对标记的认识，家长将照片分别贴在鞋柜上，请宝宝找一找不同的标记照片在哪里，并带领宝宝将爸爸、妈妈、宝宝的鞋子分别放在对应的标记处。

家长带领宝宝逐一阅读照片。

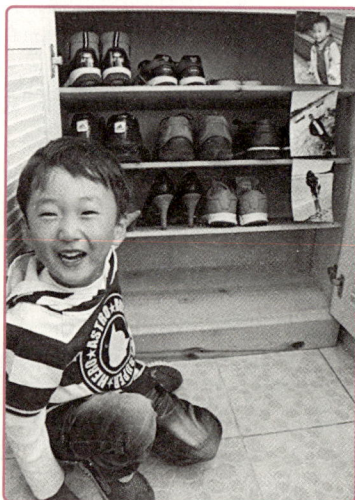

宝宝指认是谁的鞋子并放在相应的照片旁边。

80 香香的鸡蛋

游戏意图

1. 通过观察、比较，认识鸡蛋的名称、颜色、形状。

2. 学习自己剥鸡蛋皮，知道吃鸡蛋对自己身体有好处。

游戏准备

煮好的鸡蛋，母鸡毛绒玩具一个。

玩法与指导

1. 家长手拿一个母鸡玩具，吸引宝宝注意力。母鸡妈妈给宝宝带来了礼物，端出一盘鸡蛋。

2. 家长和宝宝一起看一看，说出鸡蛋的名称和颜色，摸一摸，说出鸡蛋的形状。家长鼓励宝宝自己动手剥鸡蛋皮。先在桌子上使劲磕一下鸡蛋，将鸡蛋壳击碎，然后沿着碎鸡蛋皮慢慢剥皮，直至完全剥干净。

3. 家长和宝宝一起看一看剥皮后的鸡蛋，让宝宝说一说鸡蛋清的颜色和样子，品尝自己动手剥的鸡蛋。

游戏延伸

在每一次吃煮鸡蛋的时候，家长都让宝宝自己动手剥鸡蛋皮，锻炼宝宝的手眼协调能力。为了增强宝宝的动手能力，对剥鸡蛋感兴趣，家长可以变换不同的禽蛋，如鸭蛋、松花蛋、鹅蛋或鹌鹑蛋等。宝宝剥的鸡蛋可以自己吃，也可以给爸爸妈妈吃。

81 **手指碰一碰**

游戏意图

认识五个手指的名称。

游戏准备

五种动物小贴画各一个（小猫、小狗、小兔、小熊、小鸟）。

玩法与指导

1. 成人请宝宝伸出右手手心向上，分别将小猫、小狗、小兔、小熊、小鸟的贴画，贴在大拇指、食指、中指、无名指、小拇指上，边贴边说："这是大拇指，这是食指……"引导宝宝认识每个手指的名称。

2. 成人和宝宝面对面坐好，请宝宝把五个手指张开，掌心对着成人，成人分别伸出左手的五个手指与宝宝的手指相碰，边做动作边说儿歌："大拇指碰一碰，食指碰一碰，中指碰一碰，无名指碰一碰，小拇指碰一碰。"

3. 成人伸出左手，五个手指张开，掌心对着宝宝，请宝宝用右手的五个手指分别对应，碰碰成人手指，边做动作边说儿歌。

游戏延伸

1. 成人引导宝宝和周围的同伴一起游戏。

2. 鼓励宝宝按成人的指令碰手指。

3. 游戏时成人和宝宝可以双手同时进行手指游戏。

---

82 乖宝宝睡觉了

游戏意图

锻炼手指的灵活性。

游戏准备

五种动物小贴画各一个（小猫、小狗、小兔、小熊、小鸟）。

玩法与指导

1. 成人请宝宝伸出右手，手心向上，分别将小猫、小狗、小兔、小熊、小鸟的贴画，贴在大拇指、食指、中指、无名指、小拇指上，边贴边说："这是大拇指，这是食指……"引导宝宝复习认识每个手指的名称。

2. 成人将宝宝的右手背放在自己的左手心上，边说儿歌边依次从宝宝的大拇指开始，将五个手指一一向手心弯曲做游戏："小猫睡了、小狗睡了、小兔睡了、小熊睡了、小鸟睡了，乖宝宝睡觉了！"宝宝的右手握成一个拳头。

3. 从宝宝的小拇指开始，成人将五个手指一一向外打开手指，伸直，同时边说儿歌边做动作："小鸟醒了、小熊醒了、小兔醒了、小狗醒了、小猫醒了，乖宝宝都醒了！"

4. 成人鼓励宝宝自己边说儿歌边做游戏。

游戏延伸

1. 引导宝宝左、右手同时进行游戏。

2. 游戏时可以更换手指上的小贴画。

---

83 水果配对

游戏意图

锻炼观察力，并能将相同的水果放在一起。

游戏准备

塑料苹果、鸭梨、橘子、草莓各两个。

玩法与指导

1. 成人分别出示塑料苹果、鸭梨、橘子、草莓各一个，从左至右排成一排放桌子上，引导宝宝说出水果的名称。例如：这是苹果，这是鸭梨等。

2. 成人任意出示一种水果，请宝宝听指令将这种水果放到相应的水果下面。如成人说："这是什么？（橘子）请你把它放在橘子的下面。"

3. 成人引导宝宝把所有水果都配上对。

4. 成人将4对塑料水果玩具打乱顺序散放桌子上，鼓励宝宝自己练习水果配对。

游戏延伸

1. 日常生活中使用实物水果进行配对。

2. 成人引导宝宝进行其他水果、蔬菜、动物等配对。

3. 根据宝宝的兴趣和配对情况，适当增加配对的种类和数量，增加游戏难度。

84 大鞋小鞋做游戏

游戏意图

通过游戏进行鞋的配对，并比较大小。

游戏准备

宝宝和家里成人的鞋若干双（最好是特征明显的），干净的地板。

玩法与指导

1. 把很多双鞋子摆成一排，让宝宝观察，试着让宝宝说说："这是谁的鞋子？谁的鞋小？谁的鞋大？"（宝宝的鞋小，爸爸妈妈的鞋大）

2. 把这些鞋混在一起，拿出其中一只，让宝宝找出另一只。

3. 可以让宝宝穿着大鞋子在房间里走走，感受其中的乐趣。

游戏延伸

给宝宝两只不一样的鞋子，看他如何解决这个问题。

85 去做客

游戏意图

1. 通过游戏来锻炼记忆力。

2. 通过图像的夹子在身上挪动来感知空间感。

游戏准备

动物图像夹子。

玩法与指导

1. 今天小兔子请朋友来家里做客，兔子家在高山上，妈妈就是大山，头顶就是兔子家，拿起兔子夹子夹在头上。

2. 先请小猫，拿起猫夹子，小猫先走到了脚上，将夹子夹在袜子上。又走到了胳膊上，再夹到胳膊上。最后到了头上。

3. 继续拿其他的动物夹子，并增加位置、增加难度。家长操作后请宝宝重复。

妈妈将动物图像夹子夹在肩上。

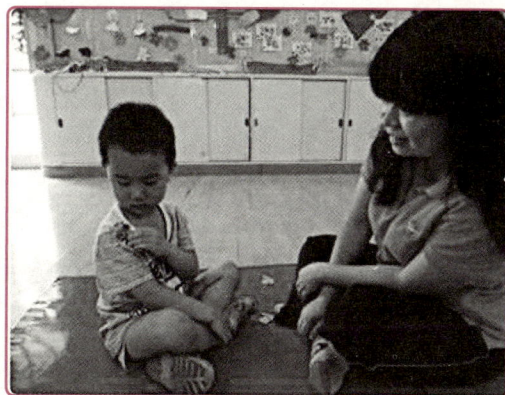

宝宝记忆妈妈的动作，将夹子夹在肩上。

86 记忆力大考验

游戏意图

通过记忆和模仿游戏动作来锻炼记忆力。

游戏准备

小空地。

玩法与指导

1. 妈妈做动作，如拍手，爸爸引导宝宝一起重复妈妈的动作（拍手）。

2. 爸爸再做一个动作，如拍腿。妈妈带宝宝重复前两个动作，并再增加其他动作，增加难度。

87 手部游戏"我会炒菜"

游戏意图

通过玩手指游戏，锻炼反应能力，增强进食的欲望。

游戏准备

萝卜、白菜、黄瓜、茄子等蔬菜图片。

玩法与指导

1. 出示几种蔬菜图片，请宝宝说出图上蔬菜的名称，帮宝宝记住名称。

2. 选择一种蔬菜进行手指游戏。成人可边说儿歌边做动作。

例如：洗萝卜、洗萝卜，洗洗洗（双手做洗的动作）；

切萝卜，切萝卜，切切切（一手心在上，另一手做刀切动作）；

炒萝卜、炒萝卜，炒炒炒（做炒菜动作）；

吃萝卜、吃萝卜，吃吃吃（做吃饭动作）。

3. 带宝宝边说边一起做炒萝卜的手指游戏，增强宝宝进食的欲望。

4. 成人可根据图片上的蔬菜让宝宝说菜名，换其他蔬菜继续游戏，巩固玩法。

游戏延伸

成人可在宝宝进餐前，带宝宝玩此游戏，增强宝宝进食的欲望。

语言游戏

88 妈妈和宝宝一起看相册

游戏意图

1. 激发阅读的兴趣，学习正确看书的方法，正确使用人称代词"我"。

2. 爱提问题，并能回答简单的问题。

游戏准备

宝宝生活相册。

玩法与指导

1. 把宝宝过生日的照片或去公园的照片或在家玩游戏的照片，制成一本专门的相册，当成小书，讲给宝宝听。照片中的人物、内容要是宝宝熟悉的。引导宝宝观察并用宝宝的表达方式表达出来。如"这是我，我在公园。"

2. 大一点儿的宝宝也可引导他自己进行讲述，提问题，并能回答简单的问题。

3. 教宝宝逐渐理解人称代词"我""你"。陪宝宝阅读每天最好有固定时间，选择宝宝喜欢的讲述方式（成人与宝宝并排坐在桌子前、搂着宝宝坐在沙发里或与宝宝面对面席地而坐）。选择多种阅读形式（看书、看相册、看电视或VCD、看图片等）。

成人要重视养成宝宝良好的阅读习惯，习惯成自然，这是成人给宝宝最丰厚的礼物，将使宝宝一生受益。

89 小猴做客

游戏意图

锻炼大胆讲话的能力，初步学会礼貌用语。

游戏准备

手偶小猴。

玩法与指导

1. 成人用小猴来当客人去给宝宝送礼物，成人引导宝宝掌心对着自己，并合拢当作"大门"。

2. 小猴去敲门，当小猴敲到宝宝家门时，成人引导宝宝说："谁呀？请进！谢谢！再见！"

成人应适时引导宝宝在适当的场合运用礼貌用语。

游戏延伸

成人可利用各种角色来引导宝宝进行语言指导。

90 小酒窝

游戏意图

通过手指游戏，增进母子间的情感，体验愉悦的心情。

玩法与指导

成人在宝宝的脸上做点点找找的动作，等儿歌比较熟悉后，成人和宝宝可以互换角色进行游戏。

游戏延伸

可将儿歌中的酒窝改编成五官的部位，再进行游戏，增强游戏的趣味性，例如："小手找找，小手找找，脸蛋在哪？摸啊摸啊，小手找找，小手找找，鼻子在哪？点啊点啊"等。

附儿歌：小手找找，小手点点，

宝宝笑笑，有个酒窝。

爸爸找找，妈妈点点，

笑啊笑啊，全是酒窝。

91 **我来了**

游戏意图

1. 培养积极情绪，敢于当众大胆地说话。

2. 知道自己的姓名、性别、年龄及身体部位名称。

游戏准备

眼罩或纱巾。

玩法与指导

1. 宝宝坐在成人的怀里，成人戴上眼罩或纱巾去摸宝宝，一边摸一边随机提问："你是谁呀？"宝宝回答。成人摸着宝宝的小脚说："这是什么呀？"宝宝回答。成人可以故意说错身体部位名称或宝宝的名字、性别，吸引宝宝反驳或表达。成人要鼓励宝宝大胆回答或纠正成人的"错误"。

2. 如果宝宝不敢说，成人可以做提醒，积极鼓励宝宝大胆说话，带动宝宝大胆参与。

92 小玩具，要回家

游戏意图

养成良好的收放玩具的常规，学说完整的句子。

游戏准备

玩具若干。

玩法与指导

1. 成人朗诵儿歌，让宝宝听儿歌内容。

2. 请宝宝和成人跟说部分内容。

3. 鼓励宝宝和成人一起，收放玩具，在收放玩具过程中，可边说儿歌边进行收放玩具的活动。

此活动主要是让宝宝学习说完整的句子，所以，要以学说为主，收放玩具为辅，对宝宝进行指导。

游戏延伸

在一些常规的培养中，可以儿歌的形式，帮助宝宝更好的学习一些做事的顺序和方法，通过语言活动能更快的促进宝宝学习，从而帮助宝宝培养他的良好的常规习惯。

附儿歌：小玩具，要回家，我来动手送送它，从哪儿拿的放回哪儿，大家夸我好娃娃。

93 它们都在做什么

游戏意图

培养观察力，学说完整句子。

游戏准备

画有小动物做事情的图片（小猫在玩线球，小象在洗澡，小熊在滑滑梯，小兔在吃萝卜）。

玩法与指导

1. 成人引导宝宝观察图片，首先说出图片上都有哪些小动物？

2. 引导宝宝说出，这些小动物都在干什么？

3. 说的不完整，成人需要为宝宝做补充，并且让宝宝重复说出这句话。

4. 游戏可反复一遍，帮助宝宝巩固这些动词，并学习说完整的句子：××在干什么。

94　宝宝在哪里

游戏意图

学习注意倾听成人的问话，做出相应的回应。

游戏准备

日常生活中有带宝宝玩捉迷藏游戏的经验。

玩法与指导

1. 捉迷藏：成人引导宝宝做藏在成人身后、再回到成人怀里的游戏。

2. 成人引导宝宝藏在成人身后，听到成人说"宝宝、宝宝，在哪里？"时，让宝宝回到前面，挥动小手说"这里、这里，在这里。"

3. 用指令做小手、小脚、肚子、屁股在哪里以及成人在哪里的游戏。

游戏延伸

引导宝宝找一找活动室内明显的物品在哪里，如电灯、电视、窗户等。在和宝宝一起做事情时，成人可以采用这种语词律动的方式与宝宝互动，如穿袜子时问宝宝"袜子、袜子，在哪里？"让宝宝回应"袜子、袜子，在这里。"

95 **大嘴巴呱呱要回家**

游戏意图

1. 了解简单的常识。
2. 培养看书的兴趣，培养好奇心、求知欲。

游戏准备

故事书。

玩法与指导

妈妈和宝宝一起看书，听妈妈讲故事。每一页画面都用相同的句式讲述，便于宝宝理解故事内容和记住主要情节。只要宝宝喜欢听，妈妈就可以多给宝宝讲几遍。如果故事配有VCD动画片，宝宝会更喜欢看，成人再引导宝宝回答一些简单的问题。如大嘴巴呱呱是谁？大嘴巴呱呱的家在哪里呀？读书要尊重宝宝的年龄特点，从宝宝的兴趣出发，对宝宝做出的反应，要不断地鼓励。对于宝宝不熟悉的内容可反复讲述。

附故事：大嘴巴呱呱找不到回家的路了，它特别着急，跳呀跳，一跳跳到了宝宝家。宝宝说："不对，不对，你的家是在有水的地方。"大嘴巴呱呱一听，咚！跳进了茶杯里。爷爷说："不对，不对，这是茶杯，不是你的家。"大嘴巴呱呱一听，咚！跳进了脸盆里。妈妈说："不对，不对，这是脸盆，不是你的家。"大嘴巴呱呱一听，继续跳呀跳，看到前面有好大一盆水，心里想："这里肯定是我的家了。"咚！跳了进去。"爸爸说：

"不对，不对，这是澡盆，不是你的家。"大嘴巴呱呱听了，眼里泪汪汪地说："我找不到自己的家了。"宝宝对大嘴巴呱呱说："你的家在池塘里，我送你回家吧。"大嘴巴呱呱终于找到了自己的妈妈。

96 小萝卜

游戏意图

提高语言表达能力，能随成人指令做相应的动作，锻炼反应的灵敏性。

玩法与指导

几个宝宝和成人拉成一个大圆圈，一起说儿歌，并根据儿歌内容做动作。叫到名字的宝宝赶快蹲下去再站起来。游戏结束后，要及时给予宝宝鼓励，增强宝宝自信心。

游戏延伸

和爷爷奶奶一起玩游戏，增加亲子感情。

附儿歌：小萝卜小萝卜蹲蹲蹲，小萝卜小萝卜站站站。

小萝卜小萝卜蹲蹲蹲，小萝卜小萝卜站站站。

×××小朋友蹲蹲蹲，×××小朋友站站站。

97 坐马车

游戏意图

1. 能完整的说儿歌，吐字清楚、发音准确，并感知儿歌的节奏。

2. 喜欢说儿歌。

游戏准备

宝宝自己喜欢的毛绒玩具。

玩法与指导

成人两腿伸直，宝宝坐在成人的腿上，一起说儿歌，成人边说儿歌，边颤膝盖。（坐上我红色的小马车，一路颠簸看外婆，娃娃的外婆住山坡，山坡上面石头多。左摇摇、右摇摇，哎呦，哎呦，翻了车）当说到"哎呦，哎呦，翻了车"的时候，成人将宝宝轻轻放倒在地上，做翻车状。

游戏延伸

成人和宝宝每个人抱着一个毛绒玩具，放在腿上，边颤膝盖，边说宝宝喜欢的小儿歌。

---

98 **母鸡下蛋**

游戏意图

1. 在游戏的过程中学习说儿歌。

2. 锻炼蹲下拾物的技能，发展腿部力量。

游戏准备

塑料鸡蛋，各种动物头饰。

玩法与指导

1. 成人扮演母鸡妈妈，通过找蛋的情境引出活动主题。

2. 家长带领宝宝一起帮助母鸡妈妈找蛋，并将蛋捡拾在小筐里。

3. 家长与宝宝一起玩母鸡下蛋的游戏。

对于年龄较小的宝宝，走路还不是很稳，家长在游戏过程中可用一只手辅助宝宝练习蹲下拾物，起身送物；对于年龄较大的宝宝可独立完成游戏活动。

附儿歌：老母鸡，真能干，会捉虫，会生蛋，咕哒咕哒叫得欢，咕咕哒。

艺术游戏

99 坐汽车

游戏意图

能随音乐带呼啦圈做动作。

游戏准备

呼啦圈，音乐。

玩法与指导

1. 小宝宝与家长一前一后站好，宝宝把圈套在身上，然后让家长跟在身后，用双手拉住宝宝的圈，做司机与乘客状，听音乐开起车来。

2. 成人鼓励宝宝积极地参加游戏，游戏熟练后，可以和家长互换角色进行游戏。

游戏延伸

家长可以用别的圆形物体来代替呼啦圈和宝宝进行游戏。

100 骑小马

游戏意图

提高听辨声音的能力，大胆地模仿骑小马的动作。

游戏准备

马叫的磁盘，马跑的音乐《骑着我的小白马》。

玩法与指导

1. 让宝宝先听马叫和马跑的声音，然后进行模仿，之后再放一段马跑的音乐，让宝宝模仿骑小马的动作。

2. 音乐的节奏变化后，成人也应该根据节奏变化指导宝宝跟做相应节奏的动作。

游戏延伸

在家中，也可以放上一段欢快的音乐，和宝宝一起模仿骑小马的动作。

101 小鸡绒绒球

游戏意图

培养交往能力和模仿能力。

玩法与指导

成人指导宝宝模仿小鸡的动作，边做动作边唱歌，唱到最后两句时，成人帮助宝宝去寻找一个好伙伴，然后按歌词内容碰碰头，游戏可重复进行。过程中，成人要引导宝宝大胆去和同伴进行交往。

游戏延伸

成人可根据小鸡的外部形态和生活习性，改编该歌词，可用同类动物作为替换，例如："小鸭小鸭绒绒球，追着小鱼到处游，见到一个好伙伴，嘎嘎嘎嘎碰碰头"等。增强游戏的趣味性。

附歌曲：《小鸡绒绒球》

1=C 2/4

<u>1 3</u> <u>1 3</u>| <u>5 5</u> 5| <u>6 5</u> <u>3 1</u>| <u>2 3</u> 2|

小鸡 小鸡 绒绒 球，追着 小 虫 到 处 走，

1 <u>2 3</u> <u>2 4</u>| <u>3 6</u> <u>5 3</u>| 5 <u>6 5</u> <u>3 1</u>| <u>2 3</u> 1||

见 到 一个 好伙伴， 叽 叽 叽叽 碰碰头。

---

102 **鸟儿飞**

游戏意图

1. 能随着音乐做相应的手臂挥动动作。

2. 体验旋律的优美。

游戏准备

小鸟头饰。

玩法与指导

1. 成人带着小鸟头饰引导宝宝参与音乐游戏。"看我头上戴的是什么？对，是小鸟。让我们和小鸟一起来玩游戏吧。"

2. 将宝宝轻轻举起，引导宝宝将手臂随节奏上下摆动，开始时唱歌并做"飞"的动作。成人跟着学唱并指导宝宝摆动手臂，唱到最后一句时，成人举着宝

宝原地转个圈，游戏结束。

3．家长可以带宝宝反复游戏。

游戏延伸

熟悉歌曲后，宝宝和爸爸妈妈一起改编歌词，可反复游戏。

附歌曲：《鸟儿飞》

1=C 3/4

3 — 3 | 1 — — | 3 — 4 | 5 — — |

鸟　儿　飞　　　鸟　儿　飞

5 — 6 | 5 — 4 | 3 — 2 | 1 — — : || 5 — 6 | 5 — 4 | 3 — 2 | 1 — — — ||

飞　呀飞　呀飞　呀飞；　　　跳　一　跳　呀跳　一　跳。

　　　　　　　　　　　　　　弯　弯　腰　呀弯　弯　腰。

　　　　　　　　　　　　　　高　高　兴　兴　回　家　了。

103　摇啊摇

游戏意图

感知三拍子节奏，感受摇篮曲的优美。

游戏准备

音乐《摇篮曲》。

玩法与指导

请成人抱着宝宝，边听音乐"摇篮曲"，边摇宝宝，使宝宝感知三拍子节奏，感受摇篮曲的优美曲调。

游戏延伸

请宝宝抱一个毛绒玩具，当自己的孩子。边听音乐边摇自己的孩子，感知三拍子节奏。

---

104 **小手拍拍**

游戏意图

1. 感受歌曲旋律的优美，激发对音乐的兴趣。

2. 引导宝宝指认五官。

游戏准备

歌曲《小手拍拍》。

玩法与指导

1. 家长和宝宝面对面坐一起唱歌曲《小手拍拍》，唱到"眼睛在这里"时家长和宝宝互相指出对方的眼睛。

2. 家长和宝宝分别把自己的手放在对方的小脚上，边唱歌曲边随音乐做动作"爬呀爬呀爬呀爬，一爬爬到头顶上"。

游戏延伸

可以随意将歌曲的部分内容替换为其他身体各部分，如肩膀等。

附歌曲：《小手拍拍》

3 5 3 6 6 | 3 6 5 3 6 6 |

小 手 拍拍，小 手 拍拍，

5 6 5 3 2 —| 5 6 5 3 2 —|

手指伸出来， 手指伸出来，

2 3 5 6 <u>5 3</u> | 2 3 5 6 <u>5 3</u> |

眼 睛 在 哪 里?　眼 睛 在 这 里!

5 6 3 2 1 —| 5 6 3 2 1 —||

用 手 指 出 来,　用 手 指 出 来。

105 节日的气球

游戏意图

能用手指印彩色的气球,促进小肌肉的发展。

游戏准备

广告色,调色盘,纸,图片,气球。

玩法与指导

出示各色气球,让宝宝摸一摸、看一看。成人指导宝宝选择不同的颜料用手指印多种色彩的气球,并讲述节日的盛况。通过游戏的形式激发宝宝参与活动的兴趣。

游戏延伸

宝宝印时手要控制住不涂抹,向宝宝介绍一些节日的盛况。

106 粘贴泡泡

游戏意图

培养粘贴技能,发展手部小肌肉的协调性。

游戏准备

填补画:小鱼,各种颜色,大小不等的圆片若干,胶棒。

玩法与指导

1. 将圆片的一面涂抹胶棒。

2. 将涂抹胶棒的一面粘于填补画上。

家长需指导宝宝将泡泡粘贴在小鱼嘴的周围,不要把泡泡粘在不恰当的地方,让宝宝有位置的概念。

游戏延伸

家长可将报纸或杂志上的图片剪下来,让宝宝反复练习粘贴技能。

107　**小猫玩线团**

游戏意图

能大胆的运用水彩笔随意地画圆。

游戏准备

填补画:小猫,水彩笔。

玩法与指导

1. 选用宝宝喜欢的颜色在画纸上随意画圆。

2. 指导宝宝正确的握笔姿势。

游戏延伸

在宝宝选择了一种颜色的画笔后,家长需让宝宝认知画笔的颜色,以感知丰富的色彩。继续指导宝宝大胆地画曲线、折线、点圆点。

108 毛毛虫

游戏意图

按虚线痕迹初步学习画圆形。

游戏准备

填补画：毛毛虫，水彩笔。

玩法与指导

1. 按虚线痕迹画圆，将圆圈画完整。

2. 指导宝宝正确的握笔姿势。

家长要鼓励宝宝耐心、细致地画圆，不急躁。

游戏延伸

可以为宝宝多准备一些有关圆形的虚线描画轮廓图，让宝宝进行练习。

109 印章画

游戏意图

1. 感受颜色，培养认识颜色的兴趣。

2. 学习用印章印画。

游戏准备

印章，印油，图画纸。

玩法与指导

1. 用印章均匀地蘸好印油。

2. 用印章盖在绘画纸上，轻轻按压印章。

3. 变换多种颜色的印油进行游戏。

家长要指导宝宝印印章的方法。印印章时，要注意印章不要重叠在一起。

游戏延伸

将各种品种的萝卜切开，取萝卜的横切面作为印章，进行游戏。

110　### 小花开了（手指画）

游戏意图

1. 提高对颜色的感知能力，引起对色彩的兴趣。

2. 练习手指动作，培养注意力。

游戏准备

准备红、黄、粉三种颜料，水彩笔，印制有简单"小草"图样的画纸。

玩法与指导

1. 家长和宝宝聊天，引导宝宝回忆：春天到来，小花、小草发生了什么变化？你见过什么颜色的花？

2. 家长拿出三种颜料及图画纸，和孩子一起画自己喜欢的小花。

3. 家长示范，用手指肚蘸颜料，在图画纸的小草中点上圆点，以此来代表小花："宝宝们，好看吗？你也来试试用你们的小手画出漂亮的小花来吧。"

4. 家长与孩子一起点小花，可根据孩子能力的不同情况，点出简单的一瓣花、两瓣花……五瓣花。

游戏过程中成人要引导孩子自主地选取颜色，并且有意识地教导他们去区分这些颜色。

游戏延伸

家长可利用假期时间带宝宝外出，感受季节变化带来的环境改变。进一步培养宝宝的观察能力，使其学会自主观察，丰富生活经验。

健康游戏

蚯蚓爬爬

游戏意图

锻炼四肢协调钻、爬的动作。

游戏准备

家长先将成人单人被子打开平铺在床上，儿童被。

玩法与指导

1. 家长出示蚯蚓图片，说说是什么动物？它最喜欢在哪玩？向宝宝简单介绍蚯蚓的有关知识。

2. 学说儿歌：小蚯蚓，爱劳动，钻到土里去打洞。左爬爬，右爬爬，土地乐得笑哈哈。家长对宝宝说："你当蚯蚓宝宝，跟妈妈一起去打洞，给土壤松松土，好不好？"

3. 把被子当土地，家长带宝宝从被子的一边钻入，爬着从任意一边钻出，家长和宝宝快到床边时，家长将边上的被子撩起，以免孩子掉下床。可反复钻爬。

游戏延伸

1. 在宝宝熟悉玩法后，可以请宝宝自己在被子（儿童被）里钻爬，和家长玩"捉迷藏"的游戏。

2. 在床上设置多个枕头，让宝宝绕着枕头玩"蚯蚓爬爬"游戏，提高游戏趣味性。家长在宝宝自己钻爬时，要站在床边观察，注意孩子的安全。

112 宝宝钻山洞

游戏意图

在活动中锻炼四肢的协调能力，练习手脚爬。

游戏准备

报纸。

玩法与指导

1. 两个成人，爸爸和妈妈，面对面蹲下，分别用手捏住一张报纸的四个角，将报纸抻平，搭成一个小山洞。

2. 请孩子来钻山洞，选择手脚爬的动作钻过山洞，成人可以根据孩子动作的掌握程度，适当调整山洞（报纸）的高度，以增加游戏难度。

游戏延伸

在和孩子进行游戏后，孩子已经掌握了游戏的玩法，可以增加成人的数量，搭出多个不同高度的山洞，孩子可以根据山洞的不同高度，调整自己的姿势钻过山洞，以增加游戏的趣味性。

113 皮球进门

游戏意图

练习有目的、有方向地抬脚踢大皮球，增进亲子感情。

游戏准备

大皮球。

玩法与指导

成人和宝宝一起说儿歌，玩球。成人两腿分开站立，当作球门，当说到"一脚踢进门里头"时，宝宝踢球进"球门"，由于宝宝动作的控制能力不是很强，只要宝宝能将球踢向"球门"，成人就要用语言或动作积极地鼓励宝宝，游戏可反复进行。

游戏延伸

在家用废旧纸箱和宝宝一起射门。

附儿歌：小皮球，圆溜溜，一脚踢进门里头。

114 快乐的小鸭子

游戏意图

1. 锻炼跳的基本技能。

2. 发展高度的知觉，克服对高度的恐惧感。

游戏准备

小鸭头饰，音乐。

玩法与指导

1. 成人扮作鸭妈妈,宝宝扮作鸭宝宝,成人引导宝宝边说儿歌边听音乐,模仿小鸭子摇摇摆摆地在场地边上走一走。

2. 鸭妈妈和小鸭来到"池塘"边(矮的台阶),鸭妈妈示范跳到"池塘"中捉鱼虾。启发小鸭也跳到水中,并从场地中捡起一条"小鱼"或"小虾"。

3. 游戏可多次进行。成人要鼓励宝宝自己能从适宜的高处往下跳,注意宝宝跳的动作。

游戏延伸

平时成人带宝宝户外活动时,可利用周围环境,引导宝宝跳的动作,但需要注意的是提供的材料要安全,同时要加强安全教育,要自然地融合在日常生活中,切忌恐吓。

附儿歌:小鸭子,嘎嘎嘎,会游泳,本领大,扁扁嘴巴捉鱼虾,捉到鱼虾给妈妈。

115 大螃蟹

游戏意图

通过形象的游戏,锻炼腿部肌肉的力量,初步感知方位。

游戏准备

螃蟹头饰,口号:一、二、一、二;踢、嗒、踢、嗒。

玩法与指导

1. 出示螃蟹图片,引起宝宝兴趣。成人带头饰示范大螃蟹走路的动作。

2. 成人"大螃蟹"与"小螃蟹"面对面,手握手。手脚协调横向向前走。

3. "大螃蟹"和"小螃蟹"分开行动,身体横向向前走,去捉鱼虾(去捡终点的鱼虾玩具）。

游戏延伸

"螃蟹一家赛赛赛活动"，一家人在家中、户外都可以进行游戏。

116 **抓泡泡**

游戏意图

练习吹气，锻炼手眼协调能力及跳跃能力。

游戏准备

吹泡泡玩具。

玩法与指导

1. 成人用泡泡机吹泡泡，让宝宝边跑边抓泡泡。

2. 请宝宝像小兔子一样跳着抓泡泡。

3. 可以自制泡泡水和宝宝一起吹泡泡，让宝宝感受气息和泡泡的关系。

游戏延伸

在家可以用一根绳子系上一个宝宝喜欢的玩具，让宝宝追着抓。

117 **走小路**

游戏意图

锻炼平衡能力。

游戏准备

长2米、宽10厘米的纸条或布条一根。

玩法与指导

1. 成人将长2米、宽10厘米的纸条放在地上。

2. 成人与宝宝面对面、手拉手站在纸条的一端，成人向后退着走，宝宝向前走，边走边说儿歌："走走走，向前走，走小路，抬起头。"

3. 成人站在纸条的一端双手侧平举，宝宝跟在成人的身后双手侧平举，两人边说儿歌边踩在纸条上，练习走小路。

4. 成人引导宝宝自己边说儿歌边练习走小路。

游戏延伸

1. 纸条、布条可以变长或变窄，增加游戏难度。

2. 也可以使用粗细不同、材质不同的绳子，引导宝宝练习在绳子上行走。

118

跳跳，碰到啦

游戏意图

锻炼腿部力量，练习向上跳。

游戏准备

小蹦床一张，房间里悬吊几个毛线球置于蹦床上方，悬垂距离刚好是宝宝跳起头能挨得到的位置。

玩法与指导

1. 成人扶着宝宝的双手让宝宝尽情地向上跳，宝宝每跳起挨到绒线球，成人就给予热情的鼓励。

2. 游戏中要注意动静交替，以免宝宝过于疲劳。成人可以乘宝宝休息的间歇调节绒线球的高度，这样宝宝跳高的兴趣会更浓。

游戏延伸

没有蹦床的家庭，成人可以指导宝宝在软沙发或席梦思床垫上跳，还可以把绒线球悬高些，让宝宝手拿一块纸板跳起拍打绒线球。成人要注意保护，切勿让宝宝从床或沙发上坠落。

119 **快捡易拉罐**

游戏意图

1. 锻炼捡物的灵敏度。

2. 锻炼眼睛的观察和动作的配合达到一致。

游戏准备

10个易拉罐，平坦宽阔的场地。

玩法与指导

准备10个易拉罐并撒落到约2平方米的地面上，交给宝宝一个大口袋，让他快速捡起所有的易拉罐并放入口袋里。成人在一旁给宝宝加油，鼓励宝宝加快速度，所有易拉罐都捡完后，成人可以给宝宝小奖励。

游戏延伸

宝宝熟悉游戏后，可以把易拉罐的数量增大，撒落的范围扩大。成人可以和宝宝比赛，增加趣味。成人在游戏后及时给予鼓励，让宝宝通过游戏产生成就感。

120 美丽的彩带

游戏意图

激发玩彩带的乐趣，能跟着家长做动作，提高身体灵活性，练习简单的追逐、躲闪。

游戏准备

各种颜色的皱纹纸条。

玩法与指导

1. 给宝宝两条不同颜色的彩带，宝宝拿着彩带边听音乐边和家长一同做优美的动作。

2. 家长将纸尾巴别在身后，宝宝追逐家长，将纸尾巴拽下来。

3. 宝宝熟悉游戏方法后，可以将纸尾巴别在宝宝身后，家长来捉，以提高宝宝游戏兴趣。家长以宝宝能力调节自己的速度，以让宝宝抓到为准。

游戏延伸

家长带领宝宝一同做优美的动作，发展宝宝的表现力，可带宝宝在公园进行游戏，与在宝宝园参加活动是不一样的，变换一个陌生的环境，可以提高宝宝对社会的适应能力，逐渐习惯到陌生场所，不认生，不怕羞，增强宝宝的自信心。

121 送猫咪回家

游戏意图

1. 锻炼双手抬物的能力，提高走的灵活性。

2. 培养喜爱小动物的感情。

游戏准备

方巾，毛绒猫咪。

玩法与指导

1. 将方巾展开，家长握住方巾两角，宝宝握住另外两角。

2. 将猫咪放在上面，家长和宝宝抬着边说儿歌边走到猫咪家里去。

游戏延伸

行走方式可根据孩子自己的动作发展实际情况而定，可变换路线，如蛇形，之字形，也可以在路途中设置障碍物。

附儿歌：小猫咪，别着急，我们送你回家去。

---

122 **小猫找妈妈**

游戏意图

发展轻轻走、轻轻跑的能力，能适应短暂离开妈妈。

游戏准备

宽敞的场地。

玩法与指导

1. 成人说："小猫小猫乖——乖，跟着妈妈走——走。"成人领着宝宝慢慢走。

2. 成人说："小猫小猫喵——喵，跟着妈妈跑——跑。"成人在前面跑，宝宝在后面跑着追妈妈。

3. 请成人藏起来，"咦，妈妈哪儿去了？猫宝宝们快去找一找吧。"找到后妈妈亲亲宝宝，并鼓励说："你真能干。"

4. 成人跑的速度可根据宝宝的速度随时调整。

5. 游戏可反复进行，逐渐延长猫宝宝找猫妈妈的时间。

游戏延伸

成人与宝宝多玩一些捉迷藏的游戏，使宝宝逐渐适应较长时间离开成人。

---

123 小汽车嘀嘀嘀

游戏意图

练习跑，学会听指令做动作。

游戏准备

呼啦圈（大小能装2个人）。

玩法与指导

1. 家长和孩子钻呼啦圈，宝宝在前双手握住呼啦圈，家长在后双手握住呼啦圈两端。家长说："汽车开啦！"宝宝开车带着家长往前跑，适时家长说："红灯亮啦！停车！""绿灯亮了，开车喽！"当宝宝熟悉游戏后，家长和宝宝互换角色，家长开车在前跑，宝宝在后说指令。

2. 游戏时根据宝宝的状况决定游戏的时间和速度。鼓励宝宝在游戏中积极参与，开车啦！宝宝可以发出喇叭声"嘀嘀"。

游戏延伸

1. 材料可以将呼啦圈换成纸箱、长布带、跳绳均可，长度可容纳两个人。

2. 游戏情境可以改为开火车、开轮船。

---

124 **小马快快跑**

游戏意图

练习协调走、跑的能力，体验玩走跑游戏的快乐。

游戏准备

长纱巾一条。

玩法与指导

1. 游戏时家长先当马，宝宝拉住家长的衣角在其身后小跑。宝宝熟悉游戏后，宝宝当小马，家长用长纱巾从宝宝腋下穿过，家长握住纱巾的两端，当坐马车的人。游戏过程中边跑边说儿歌。

2. 游戏开始，家长注意放慢跑的速度，边跑边鼓励"我的小马快快跑"。如果宝宝跑起来有困难，家长可以用走跑交替的形式进行游戏。家长一定要注意宝宝跑的速度，适当调整运动量，以防孩子过度疲劳。

游戏延伸

1. 为了让宝宝更感兴趣，可以给宝宝带上脚铃，宝宝可以通过自己跑的速度的变化，感知铃铛的变化。

2. 动物形象可以转换，如"小狗快快跑""小鹿快快跑"等。

附儿歌：《小马快快跑》

小马小马快快跑，

跑到草原吃青草。

吃完青草往家跑，

呱得儿呱得儿——驾！

125 蚂蚁搬家

游戏意图

练习持物走跑，提高动作的协调性。

游戏准备

整理箱，皮球，玩具，布包，靠垫等若干。

玩法与指导

1. 家长和孩子配合游戏，家长先将整理箱中的物品取出，递到孩子手中，告诉他要把东西搬到指定地方（客厅或卧室），孩子接过物品后，快速地将其送到指定地方。往返数次直到完成任务。

2. 游戏时请选择平坦宽阔的地方，避免不安全因素。游戏时根据宝宝的状况决定游戏的时间和速度。

游戏延伸

1. 材料可以是书、报纸，也可以是蔬菜或水果。

2. 游戏情境可以改为小猴搬书、小猪运苹果、小兔运蔬菜等。

126 袋鼠运粮

游戏意图

锻炼大肌肉的协调能力。

游戏准备

袋鼠头饰，皮球，彩筐。

玩法与指导

1. 成人当袋鼠妈妈，孩子当袋鼠宝宝。

2. 孩子背对成人，成人双手夹住孩子的腋下，孩子双脚夹住一个皮球。

3. 成人双手抓住孩子的腋下，向前行进，将孩子双脚夹住的皮球，放到对面的彩筐里。

127 **转转转**

游戏意图

1. 感受身体旋转时的快乐。

2. 通过旋转锻炼保持平衡的能力。

游戏准备

呼啦圈。

玩法与指导

1. 成人和宝宝手握呼啦圈面对面站在圈外。随儿歌一起转圈。

2. 成人和宝宝共同钻进圈里，两人手握着圈，面对面站立，身体可往后略微倾斜一些。

3. 在原地慢慢旋转，让宝宝体会旋转的乐趣。

4. 成人和宝宝转圈时速度不宜过快。站在圈里面时，两人的身体要略微向后倾斜，同时慢慢在原地旋转，成人要注意平衡两人之间的拉力。

附儿歌：呼啦圈，大又圆，妈妈带我玩一玩；站在里面转一转，好像转椅转起来。

128 猴子捞月亮

游戏意图

锻炼腰肌和腹肌，提高身体柔韧性。

游戏准备

皮球。

玩法与指导

让宝宝面向家长并坐在家长腿上，家长把皮球放到宝宝身后不远处的地方。家长用肘夹住宝宝的双膝，宝宝向后弯腰并拿起地上的皮球后，向上起身回到原位置。可根据宝宝情况，增加难度，反复练习。

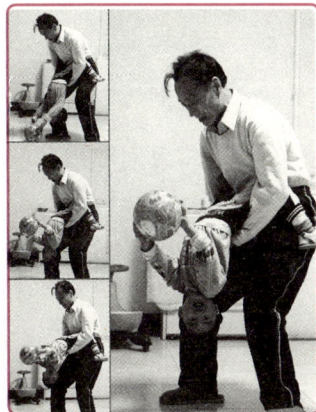

家长用肘夹住宝宝的双膝，宝宝向后弯腰并拿起地上的皮球。

129 降落伞

游戏意图

锻炼上肢力量。

玩法与指导

1. 成人在地上画两条横线，请宝宝站在一条横线前。

2. 请宝宝向上抛降落伞，尽量向上抛。

3. 成人可示范，双手先向下，之后用力向上抛。

4. 宝宝与成人面对面站好，先由一方传给另一方，之后再由另一方传回来

（循环进行）。

　　这个年龄阶段的宝宝大肌肉能力尤其是上肢的运动能力相对较差，因此通过引导宝宝把小小的降落伞向上抛，并看到降落伞降落的情景，可增强游戏的趣味性，锻炼宝宝大肌肉的力量。家长抛出时，动作要慢，给宝宝调整的时间。指导宝宝有方向地扔。

游戏延伸

　　用沙包、软球等都可进行此类游戏。

附儿歌：降落伞，真有趣，使劲抛到天上去，忽忽悠悠飘呀飘，还是回到我怀里。

130　　**会走的瓶子**

游戏意图

　　发展手臂力量及平衡能力。

游戏准备

　　一根跳绳，两个装有适量水的瓶子。

玩法与指导

　　1. 游戏前，家长与孩子各握住绳子的一头，用力甩绳。做准备活动。

　　2. 家长与孩子各握住绳子的一头，绳子中间挂一个装水的可乐瓶子。家长和宝宝轮流抬高或放低手臂，让瓶子在绳子上移动起来。游戏时间可根据宝宝的身体状况自行调整。

家长和宝宝一起准备跳绳、两个装适量水的瓶子。

家长和宝宝轮流抬高或放低手臂，让瓶子在绳子上移动。

131 **剥豆**

游戏意图

通过剥豆活动发展手指的灵活性，培养喜欢参加劳动的兴趣。

游戏准备

豌豆，水，盆。

玩法与指导

1. 出示带皮的豌豆，请宝宝在成人的带领下清洗豌豆。观察豌豆的形状、颜色。摸一摸豌豆是鼓鼓的。

2. 成人先做示范剥豆给宝宝看，使宝宝知道皮里原来藏着许多小豆豆。引起宝宝的兴趣，喜欢自己动手。成人提问："宝宝，看你自己拿了几个豆子剥呀？扒开了以后有多少豆子？"

3. 成人和宝宝一起动手剥豆子，将剥好的豆子放到盆里，宝宝观看自己的劳动成果。和宝宝一起将豆子送到厨房。

4. 在活动过程中多鼓励宝宝自己动手，耐心指导宝宝慢慢剥。成人还可以问宝宝剥了多少豆子（具体的数字），也可以和宝宝数豆子。

游戏延伸

可以和宝宝洗任何蔬菜并认识蔬菜。鼓励宝宝多参与劳动，培养宝宝爱参加劳动。

132 拧瓶盖

游戏意图

锻炼手指、手腕动作的灵活性。

游戏准备

空饮料瓶6个。

玩法与指导

1. 成人和宝宝把饮料瓶一一摆成一排。

2. 成人边说儿歌边示范拧瓶盖："拧瓶盖，拧瓶盖，转手指，转手腕。"成人将拧下的瓶盖和瓶子对应放在一起。

3. 成人和宝宝一起边说儿歌边练习拧瓶盖，将所有瓶子的盖子都拧开。

4. 成人引导宝宝将拧开的瓶盖，一一对应好瓶子，再将瓶盖盖好拧紧。

游戏延伸

引导宝宝玩转螺丝、转螺母等玩具。

133 **抓抓乐**

游戏意图

锻炼双手的反应能力和手眼协调能力。

游戏准备

直径2~3厘米大小的小绒球一个。

玩法与指导

1. 成人将直径2~3厘米大小的小绒球放在手心里，告诉宝宝"这是一个小绒球。""小绒球是红色的、圆圆的。""小绒球是软软的。"请宝宝模仿成人学说短句。

2. 成人说儿歌："小绒球真好看，宝宝快来抓抓看！"说完儿歌成人请宝宝用手抓手中的小绒球，当宝宝用手快抓到小绒球时，成人把手握紧，然后再张开，让宝宝反复抓小绒球，直至把小绒球抓到手。

3. 把小绒球放在宝宝手心里，请成人来抓小绒球。成人带领宝宝说儿歌："小绒球，真好看，妈妈快来抓抓看！"说完儿歌成人来抓球。

游戏延伸

1. 游戏时可以使用各种小的塑料玩具、布质玩具或毛绒玩具等。

2. 引导宝宝认识玩具的名称、颜色、形状等。

3. 成人双手手心放上小绒球或其他玩具，引导宝宝用双手抓球进行游戏，增加游戏难度。

134 油桶娃娃

游戏意图

练习抓握动作，锻炼手指的灵活性和力度。

游戏准备

洗净的油桶制作的娃娃，大蚕豆，栗子。

玩法与指导

成人引导宝宝用小手抓花生，三指捏栗子、大蚕豆，喂油桶娃娃吃饭。在宝宝喂娃娃时要注意安全，不要把花生、蚕豆、栗子放进嘴里。

游戏延伸

回家后，此游戏可继续进行。把娃娃换成不同的瓶子、小罐，增加其他豆类、干果等，增加宝宝游戏的兴趣。在宝宝以后用小勺进餐时，可用此游戏继续练习使用勺子。

135 存钱罐

游戏意图

1. 通过练习塞硬币的动作，锻炼用拇指和食指捏起的动作。
2. 提高手眼协调能力及小肌肉群的发展。

游戏准备

小盒，硬币。

玩法与指导

1. 老师与成人交代活动名称及目标。

2. 老师的示范：老师利用游戏的口吻引导宝宝观察老师两指捏起硬币并放到罐子里。

3. 宝宝和成人进行操作，老师进行个别指导。

游戏延伸

家长可以利用家里的奶桶、废旧盒子给宝宝制作存钱罐，来让宝宝不断练习塞的动作。

136 **穿项链**

游戏意图

练习穿珠子，发展手眼协调配合能力。

游戏准备

扁形珠子若干，穿珠绳，小碗。

玩法与指导

宝宝和家长坐在一起，家长和宝宝每人一根彩绳，让宝宝模仿家长从小碗里拿珠子穿在绳子上，依次逐个把碗里的珠子都穿完，穿完时给予宝宝鼓励，并将穿好的项链系在宝宝脖子上。

游戏延伸

当宝宝穿的熟练后，可增加难度，将珠子换成直径较厚的珠子。

137 夹子游戏

游戏意图

通过使用夹子，锻炼精细动作和手指的力量。

游戏准备

小夹子，几种塑封的动物的身体，小盘。

玩法与指导

成人指导宝宝用拇指、食指、中指捏住夹子，在小动物的背上、腿部、头部夹夹子，给小刺猬加上刺，给小兔子加上耳朵，给小猪、小虫子加上腿，并鼓励宝宝独立完成。

游戏延伸

回家后，可根据家中情况，用夹子夹小毛绒玩具、小手绢、小衣服等，增加宝宝活动的兴趣。

138 滚雪球

游戏意图

1. 学习运用手指进行撕纸，锻炼左右手的协调配合能力。

2. 通过玩蹲下滚雪球的游戏，锻炼腿部力量。

游戏准备

《下雪了》故事，白纸，纸屑，废旧报纸做成的纸球，双面胶贴纸。

玩法与指导

在安静的室内，宝宝和妈妈面对面坐好，纸张摆放在两人的中间。

1. 家长边讲《下雪了》的故事，边操作手中的纸屑，让宝宝感受下雪了的场景。

2. 通过观察引导宝宝发现"雪花"是由什么做的，并演示"雪花"的制作过程，引导宝宝学习运用手指进行撕纸的方法。

3. 在宝宝自由撕纸的过程中，家长要注意适时的引导宝宝，初次感受撕纸时，家长可手把手的进行帮带，当雪花做好后，家长和宝宝可将纸片扔向上空，感受下雪的乐趣。

4. 家长将事先准备好的粘满双面胶贴纸的2个报纸球拿到宝宝的面前，和宝宝一起玩滚雪球的游戏，并创设堆雪人的情节引导宝宝将"雪花"滚在"雪球"上。

附故事：《下雪了》

下雪了，下雪了。小鸡推开窗说："下糖了，下糖了。"

小鸭说："下盐了，下盐了。"

小猫说："下面粉了，下面粉了。"

小狗说："不对，不对，下奶粉了，下奶粉了。"

鸡妈妈说："孩子们，你们别吵了，下得是什么，让我尝一尝。"

鸡妈妈从雪地里啄出第一口雪说："不甜，不是糖。"

鸡妈妈从雪地里啄出第二口雪说："不咸，不是盐。"

鸡妈妈从雪地里啄出第三口雪说："放到嘴里会化，不是面粉。"

鸡妈妈从雪地里啄出第四口雪说："没有奶香，不是奶粉。"

小朋友，雪到底是什么样的呢？

139 插锁眼

游戏意图

训练手眼协调能力,理解事物之间的联系。

游戏准备

钥匙。

玩法与指导

1. 妈妈给宝宝提供钥匙,让宝宝触摸和认知。

2. 妈妈带宝宝认识门锁,让宝宝触摸和认知。

每次进屋开锁时,爸爸妈妈有意识地让宝宝看,引起宝宝的好奇心。再给宝宝一把钥匙,手把手地帮宝宝把钥匙插进锁眼里。反复几次后,鼓励宝宝自己做。也可以让宝宝手拿钥匙,妈妈拿着锁配合宝宝插锁眼。一旦宝宝把钥匙插入了锁眼,妈妈就把锁打开,使宝宝获得成功的喜悦。同时理解钥匙与锁的关系。

140 看谁的小豆多

游戏意图

锻炼手腕力量,发展手眼协调一致的能力。

游戏准备

勺,花生豆或珠子,三个碗或盘。

玩法与指导

1. 让宝宝用勺把豆子从第一个碗里舀到第二个碗里,家长再从第二个碗里舀到第三个碗里。

2. 让宝宝用勺把豆子从第一个碗里舀到第二个碗里，家长用筷子夹到第三个碗里。

家长随时给予宝宝鼓励，用勺时不要用勺尖舀豆。宝宝会拿勺时，为增加游戏情趣，宝宝和爸爸或妈妈比赛，看谁舀得最快，看谁在三分钟内舀得最多。家长可以用筷子夹豆以增加难度。

141 擦擦小嘴讲卫生

游戏意图

培养良好的卫生习惯。

游戏准备

餐巾纸每人两张，小镜子。

玩法与指导

1. 在喝完奶之后，让宝宝用小镜子自己观察一下自己的小嘴，再观察妈妈的嘴。让宝宝发现喝奶后，嘴边的痕迹，告诉宝宝擦嘴的方法，让宝宝一起来做尝试：用一张餐巾纸，把纸对折一下，左擦一下，右擦一下，再将纸对折一下，再一边擦一下，最后对折成小方块，放入垃圾筒中。

2. 成人指导宝宝，再进行一次擦嘴练习，擦好后，用手中的镜子照照，擦的干净不干净。

此活动主要让宝宝有擦嘴的意识，并知道擦好嘴后，纸张应如何处理，叠的好坏与否并不重要。

游戏延伸

平时餐桌上也应摆放一小部分纸张，让宝宝随时练习擦嘴。